Suhrkamp BasisBibliothek 105

Diese Ausgabe der »Suhrkamp BasisBibliothek – Arbeitstexte für Schule und Studium« bietet nicht nur Heinrich von Kleists Schauspiel *Prinz Friedrich von Homburg*, sondern auch einen Kommentar, der alle für das Verständnis des Stückes erforderlichen Informationen enthält: eine Zeittafel, die Entstehungs-, Text- und Wirkungsgeschichte, einen Überblick über die verschiedenen Deutungsansätze, Literaturhinweise sowie Wort- und Sacherläuterungen.

Zu ausgesuchten Texten der Suhrkamp BasisBibliothek erscheinen im Cornelsen Verlag Hörbücher und CD-ROMs. Weitere Informationen erhalten Sie unter www.cornelsen.de.

Andrea Neuhaus, Dr. phil., ist Literaturwissenschaftlerin und Journalistin.

Heinrich von Kleist
Prinz Friedrich von Homburg
Ein Schauspiel

⟨Erstdruck⟩

Mit einem Kommentar
von Andrea Neuhaus

Suhrkamp

Der vorliegende Text folgt der Ausgabe: Heinrich von Kleist: *Sämtliche Werke und Briefe*. Bd. 2: *Dramen 1808–1811*. *Penthesilea*. *Das Käthchen von Heilbronn*. *Die Herrmannsschlacht*. *Prinz Friedrich von Homburg*. Unter Mitwirkung von Hans Rudolf Barth herausgegeben von Ilse-Marie Barth und Hinrich C. Seeba, S. 555–644 u. S. 1150. Frankfurt am Main: Deutscher Klassiker Verlag 1987.

Originalausgabe
Suhrkamp BasisBibliothek 105
Erste Auflage 2009

© Text: Deutscher Klassiker Verlag Frankfurt am Main 1987
© Kommentar: Suhrkamp Verlag Frankfurt am Main 2009

Satz: JOUVE Germany, Kriftel
Druck: Ebner & Spiegel, Ulm
Umschlaggestaltung: Regina Göllner und Hermann Michels
Printed in Germany

ISBN 978-3-518-18905-4

2 3 4 5 6 – 14 13 12 11

Inhalt

Prinz Friedrich von Homburg

Ein Schauspiel

⟨Erstdruck⟩

Personen

FRIEDRICH WILHELM, Kurfürst von Brandenburg

DIE KURFÜRSTIN

PRINZESSIN NATALIE VON ORANIEN,
  seine Nichte, Chef eines Dragonerregiments

FELDMARSCHALL DÖRFLING

PRINZ FRIEDRICH ARTHUR VON HOMBURG,
  General der Reiterei

OBRIST KOTTWITZ,
  vom Regiment der Prinzessin von Oranien

HENNINGS

GRAF TRUCHSS } Obersten der Infanterie

GRAF HOHENZOLLERN, von der Suite* des Kurfürsten

Gefolge, militär. Begleitung

RITTMEISTER VON DER GOLZ

GRAF GEORG VON SPARREN

STRANZ

SIEGFRIED VON MÖRNER } Rittmeister

GRAF REUSS

EIN WACHTMEISTER

OFFIZIERE. KORPORALE und REITER. HOFKAVALIERE. HOFDAMEN. PAGEN. HEIDUCKEN. BEDIENTEN. VOLK JEDES ALTERS UND GESCHLECHTS

Erster Akt

Szene: ⌐Fehrbellin⌐. *Ein* ⌐Garten im alt-französischen Styl⌐.
Im Hintergrunde ein Schloß, von welchem eine ⌐Rampe⌐
herabführt. – Es ist Nacht.

Erster Auftritt

*Der Prinz von Homburg sitzt mit bloßem Haupt und off-
ner Brust, halb wachend, halb schlafend, unter einer Eiche
und windet sich einen Kranz. – Der Kurfürst, seine Gemahlin, Prinzessin Natalie, der Graf von Hohenzollern,
Rittmeister Golz und Andere treten heimlich aus dem
Schloß und schauen vom Geländer der Rampe auf ihn
nieder. – Pagen mit Fackeln.*

DER GRAF VON HOHENZOLLERN
    Der Prinz von Homburg, unser tapfrer ⌐Vetter⌐,
    Der, an der Reiter Spitze, seit drei Tagen
    Den flücht'gen Schweden munter nachgesetzt,
    Und sich erst heute wieder atemlos,
5   Im Hauptquartier zu Fehrbellin gezeigt:
    Befehl ward ihm von Dir, hier länger nicht,
    Als nur drei Füttrungsstunden zu verweilen,
    Und gleich dem ⌐Wrangel⌐ wiederum entgegen,
    Der sich am ⌐Rhyn⌐ versucht hat einzuschanzen,
10   Bis an die ⌐Hackelberge⌐ vorzurücken?
DER KURFÜRST
    So ist's!
HOHENZOLLERN
        Die Chefs nun sämtlicher ⌐Schwadronen⌐,
    Zum Aufbruch aus der Stadt, dem Plan gemäß,
    Glock zehn zu Nacht*, gemessen instruiert*,
    Wirft er erschöpft, gleich einem Jagdhund lechzend,

um 22 Uhr

genau un-
terwiesen

Sich auf das Stroh um für die Schlacht, die uns 15
Bevor beim Strahl des Morgens steht, ein wenig
Die Glieder, die erschöpften, auszuruhn.

DER KURFÜRST
So hört' ich! – Nun?

HOHENZOLLERN　　　Da nun die Stunde schlägt,
Und aufgesessen schon die ganze Reiterei
Den Acker vor dem Tor zerstampft, 20
Fehlt – wer? der Prinz von Homburg noch, ihr Führer.
Mit Fackeln wird und Lichtern und Laternen
Der Held gesucht – und aufgefunden, wo?
Er nimmt einem Pagen die Fackel aus der Hand.
Als ein Nachtwandler, schau, auf jener Bank,
Wohin, im Schlaf, wie Du nie glauben wolltest, 25
Der Mondschein ihn gelockt, beschäftiget,
⌜Sich träumend, seiner eignen Nachwelt gleich,
Den prächt'gen Kranz des Ruhmes einzuwinden.⌝

DER KURFÜRST Was!

HOHENZOLLERN　　In der Tat! Schau hier herab: da sitzt er!
Er leuchtet von der Rampe auf ihn nieder.

DER KURFÜRST
Im Schlaf versenkt? Unmöglich! 30

HOHENZOLLERN　　　　　Fest im Schlafe!
Ruf' ihn bei Namen auf, so fällt er nieder.
Pause.

DIE KURFÜRSTIN
Der junge Mann ist krank, so wahr ich lebe.

PRINZESSIN NATALIE
Er braucht des Arztes –!

scheint mir DIE KURFÜRSTIN　　Man sollt' ihm helfen, dünkt mich*,
Nicht den Moment verbringen, sein zu spotten!

HOHENZOLLERN *indem er die Fackel wieder weggibt:*
Er ist gesund, ihr mitleidsvollen Frauen, 35
Bei Gott, ich bin's nicht mehr! Der Schwede morgen,
Wenn wir im Feld' ihn treffen, wird's empfinden!

Es ist nichts weiter, glaubt mir auf mein Wort,
Als eine bloße Unart seines Geistes.

DER KURFÜRST
40 Fürwahr! Ein Märchen glaub ich's!* – Folgt mir, Freunde,
Und laßt uns näher ihn einmal betrachten.

In der Tat! Ich hielt es für ein Märchen!

Sie steigen von der Rampe herab.

EIN HOFKAVALIER *zu den Pagen:*
Zurück! Die Fackeln!

HOHENZOLLERN   Laßt sie, laßt sie, Freunde!
Der ganze ⌜Flecken⌝ könnt' in Feuer aufgehn,
⌜Daß sein Gemüt davon nicht mehr empfände⌝,
45 Als der Demant*, den er am Finger trägt.

Diamant

Sie umringen ihn; die Pagen leuchten.

DER KURFÜRST *über ihn gebeugt:*
Was für ein Laub denn flicht er? – Laub der Weide?

HOHENZOLLERN
Was! Laub der Weid', o Herr! – Der ⌜Lorbeer⌝ ist's,
Wie er's gesehn hat, an der Helden Bildern,
Die zu Berlin im ⌜Rüstsaal⌝ aufgehängt.

DER KURFÜRST
50 – Wo fand er den in meinem ⌜märkschen Sand⌝?

HOHENZOLLERN Das mögen die gerechten Götter wissen!

DER HOFKAVALIER
Vielleicht im Garten hinten, wo der Gärtner
Mehr noch der fremden Pflanzen auferzieht.

DER KURFÜRST
Seltsam beim Himmel! Doch, was gilt's ich weiß,
55 Was dieses jungen Toren Brust bewegt?

HOHENZOLLERN
O – was! Die Schlacht von morgen, mein Gebieter!
⌜Sterngucker⌝ sieht er, wett' ich, schon im Geist,
Aus Sonnen einen Siegeskranz ihm winden.

Der Prinz besieht den Kranz.

DER HOFKAVALIER Jetzt ist er fertig!

HOHENZOLLERN   Schade, ewig Schade,
60 Daß hier kein ⌜Spiegel⌝ in der Nähe ist!

Er würd' ihm, eitel wie ein Mädchen, nahn,
Und sich den Kranz bald so, und wieder so,
Wie eine florne* Haube aufprobieren.

Aus Flor, einem dünnen Gewebe

DER KURFÜRST

Bei Gott! ich muß doch sehn, wie weit er's treibt!
*Der Kurfürst nimmt ihm den Kranz aus der Hand; der
Prinz errötet und sieht ihn an. Der Kurfürst schlingt seine
Halskette um den Kranz und gibt ihn der Prinzessin; der
Prinz steht lebhaft auf. Der Kurfürst weicht mit der Prinzessin, welche den Kranz erhebt, zurück; der Prinz mit
ausgestreckten Armen folgt ihr.*

DER PRINZ VON HOMBURG *flüsternd:*

Natalie! Mein Mädchen! Meine Braut!   65

DER KURFÜRST

Geschwind! Hinweg!

HOHENZOLLERN   Was sagt der Tor?

DER HOFKAVALIER   Was sprach er?
Sie besteigen sämtlich die Rampe.

DER PRINZ VON HOMBURG

Friedrich! Mein Fürst! Mein Vater!

HOHENZOLLERN   Höll und Teufel!

DER KURFÜRST *rückwärts ausweichend:*

Öffn' mir die Pforte nur!

DER PRINZ VON HOMBURG O meine Mutter!

HOHENZOLLERN Der Rasende! Er ist –

DIE KURFÜRSTIN   Wen nennt er so?

DER PRINZ VON HOMBURG *nach dem Kranz greifend:*

O! Liebste! Was entweichst du mir? Natalie!   70
Er erhascht einen Handschuh von der Prinzessin Hand.

HOHENZOLLERN Himmel und Erde! Was ergriff er da?

DER HOFKAVALIER

Den Kranz?

NATALIE   Nein, nein!

HOHENZOLLERN *öffnet die Tür:*

                          Hier rasch herein, mein Fürst!
Auf daß das ganze Bild ihm wieder schwinde!

DER KURFÜRST
In's Nichts mit dir zurück, Herr Prinz von Homburg,
75 In's Nichts, in's Nichts! In dem Gefild* der Schlacht, Feld
Sehn wir, wenn's Dir gefällig ist, uns wieder!
Im Traum erringt man solche Dinge nicht!
Alle ab; die Tür fliegt rasselnd vor dem Prinzen zu. Pause.

Zweiter Auftritt

*Der Prinz von Homburg bleibt einen Augenblick, mit dem
Ausdruck der Verwunderung, vor der Tür stehen; steigt
dann sinnend, die Hand, in welcher er den Handschuh
hält, vor die Stirn gelegt, von der Rampe herab; kehrt sich,
sobald er unten ist, um, und sieht wieder nach der Tür
hinauf.*

Dritter Auftritt

*Der Graf von Hohenzollern tritt von unten, durch eine
Gittertür, auf. Ihm folgt ein Page. – Der Prinz von Hom-
burg.*
DER PAGE *leise:*
Herr Graf, so hört doch! Gnädigster Herr Graf!
HOHENZOLLERN *unwillig:*
Still! die Zikade!* – Nun? Was gibts? Grillenähnli-
ches Insekt
PAGE Mich schickt – !
HOHENZOLLERN
80 Weck' ihn mit deinem Zirpen mir nicht auf!
– Wohlan! Was gibts?
PAGE Der Kurfürst schickt mich her!
Dem Prinzen möchtet Ihr, wenn er erwacht,
Kein Wort, befiehlt er, von dem Scherz entdecken,
Den er sich eben jetzt mit ihm erlaubt!

HOHENZOLLERN *leise:*

    Ei, so leg' Dich im Weizenfeld auf's Ohr,   85
    Und schlaf Dich aus! Das wußt' ich schon! Hinweg!
Der Page ab.

Vierter Auftritt

Der Graf von Hohenzollern und der Prinz von Homburg.
HOHENZOLLERN *indem er sich in einiger Entfernung hinter den Prinzen stellt, der noch immer unverwandt die Rampe hinaufsieht:*

    Arthur!
⌜*Der Prinz fällt um.*⌝

    Da liegt er; eine Kugel trifft nicht besser!
Er nähert sich ihm.

Geschichte,
Märchen

    Nun bin ich auf die Fabel* nur begierig,
    Die er ersinnen wird, mir zu erklären,   90
    Warum er hier sich schlafen hat gelegt.
Er beugt sich über ihn.

    Arthur! He! Bist des Teufels Du? Was machst Du?
    Wie kommst Du hier zu Nacht auf diesen Platz?
DER PRINZ VON HOMBURG

    Je, Lieber!
HOHENZOLLERN

             Nun, fürwahr, das muß ich sagen!
    Die Reiterei ist, die Du kommandierst,   95
    Auf eine Stunde schon im Marsch voraus,
    Und Du, Du liegst im Garten hier und schläfst.
DER PRINZ VON HOMBURG

    Welch' eine Reiterei?
HOHENZOLLERN   Die ⌜Mamelucken⌝! –
    So wahr ich Leben atm', er weiß nicht mehr,
    Daß er der märkschen Reiter Oberst ist?!   100

DER PRINZ VON HOMBURG *steht auf:*
Rasch! Meinen Helm! Die Rüstung!
HOHENZOLLERN   Ja wo sind sie?
DER PRINZ VON HOMBURG
Zur Rechten, Heinz, zur Rechten; auf dem Schemel?
HOHENZOLLERN
Wo? Auf dem Schemel?
DER PRINZ VON HOMBURG Ja, da legt' ich, mein' ich –!
HOHENZOLLERN *sieht ihn an:*
So nimm sie wieder von dem Schemel weg!
DER PRINZ VON HOMBURG
105 – Was ist dies für ein Handschuh?
Er betrachtet den Handschuh, den er in der Hand hält.
HOHENZOLLERN   Ja, was weiß ich? –
für sich:
Verwünscht! Den hat er der Prinzessin Nichte,
Dort oben unbemerkt vom Arm gerissen!
abbrechend:
Nun, rasch! Hinweg! Was säumst Du?* Fort!
DER PRINZ VON HOMBURG *wirft den Handschuh wieder
weg:*   Gleich! gleich! –
He, Franz! der Schurke, der mich wecken sollte –
HOHENZOLLERN *betrachtet ihn:*
110 Er ist ganz rasend toll!
DER PRINZ VON HOMBURG Bei meinem Eid!
Ich weiß nicht, liebster Heinrich, wo ich bin.
HOHENZOLLERN In Fehrbellin, Du sinnverwirrter Träumer;
In einem von des Gartens Seitengängen,
Der ausgebreitet hinterm Schlosse liegt!
DER PRINZ VON HOMBURG *für sich:*
115 Daß mich die Nacht verschläng'! Mir unbewußt
Im Mondschein bin ich wieder umgewandelt*!
Er faßt sich.
Vergib! Ich weiß nun schon. Es war, Du weißt vor Hitze,
Im Bette gestern fast nicht auszuhalten;

Worauf wartest du?

umhergewandelt

Ich schlich erschöpft in diesen Garten mich,
Und weil die Nacht so lieblich mich umfing,   · 120
Mit blondem Haar, von Wohlgeruch ganz triefend,
Ach! wie den Bräutgam eine Perser-Braut,
So legt' ich hier in ihren Schoß mich nieder.
– Was ist die Glocke jetzo?

HOHENZOLLERN   Halb auf Zwölf.

DER PRINZ VON HOMBURG

Und die Schwadronen, sagst Du, brachen auf?   125

HOHENZOLLERN

Versteht sich, ja! Glock zehn; dem Plan gemäß!
Das Regiment Prinzessin von Oranien,
Hat, wie kein Zweifel ist, an ihrer Spitze
Bereits die Höhn von ⌐Hackelwitz⌐ erreicht,
Wo sie des Heeres stillen Aufmarsch morgen,   130
Dem Wrangel gegenüber, decken sollen.

DER PRINZ VON HOMBURG

gleichgültig   Es ist gleichviel*! Der alte Kottwitz führt sie,
Der jede Absicht dieses Marsches kennt.
Zudem hätt' ich zurück in's Hauptquartier
Um zwei Uhr Morgens wiederkehren müssen,   135
Hier: Einwei-   Weil hier Parol'* noch soll empfangen werden:
sung in den   So blieb ich besser gleich im Ort zurück.
Schlacht-
plan   Komm; laß uns gehn! Der Kurfürst weiß von nichts?

HOHENZOLLERN

Ei, was! Der liegt im Bette längst und schläft.

*Sie wollen gehen; der Prinz stutzt, kehrt sich um und
nimmt den Handschuh auf.*

DER PRINZ VON HOMBURG

Welch' einen sonderbaren Traum träumt ich?! –   140
Mir war, als ob, von Gold und Silber strahlend,
Ein Königsschloß sich plötzlich öffnete,
Und hoch von seiner Marmorramp' herab,
Der ganze Reigen zu mir niederstiege,
Der Menschen, die mein Busen liebt: 145

16   Erster Akt

Der Kurfürst und die Fürstin und die – dritte,
– Wie heißt sie schon?

HOHENZOLLERN   Wer?

DER PRINZ VON HOMBURG *Er scheint zu suchen:*
                    Jene – die ich meine!
Ein Stummgeborner würd' sie nennen können!

HOHENZOLLERN
⌐Die Platen?

DER PRINZ VON HOMBURG
                    Nicht doch, Lieber!

HOHENZOLLERN   Die Ramin?

DER PRINZ VON HOMBURG

150   Nicht, nicht doch, Freund!

HOHENZOLLERN   Die Bork? Die Winterfeld?⌐

DER PRINZ VON HOMBURG
Nicht, nicht; ich bitte Dich! Du siehst die Perle
Nicht vor den Ring, der sie in Fassung hält.

HOHENZOLLERN
Zum Henker, sprich! Läßt das Gesicht sich raten?
– Welch eine Dame meinest Du?

DER PRINZ VON HOMBURG   Gleichviel! Gleichviel!

155   Der Nam' ist mir, seit ich erwacht, entfallen,
Und gilt zu dem Verständnis hier gleichviel.

HOHENZOLLERN
Gut! So sprich weiter!

DER PRINZ VON HOMBURG Aber stör' mich nicht! –
Und er, der Kurfürst, mit der Stirn des ⌐Zevs⌐,
Hielt einen Kranz von Lorbeern in der Hand:

160   Er stellt sich dicht mir vor das Antlitz hin,
Und schlägt, mir ganz die Seele zu entzünden,
Den Schmuck darum, der ihm vom Nacken hängt,
Und reicht ihn, auf die Locken mir zu drücken
– O Lieber!

HOHENZOLLERN
                    Wem?

DER PRINZ VON HOMBURG
O Lieber!
HOHENZOLLERN Nun, so sprich!
DER PRINZ VON HOMBURG
Es wird die Platen wohl gewesen sein. 165
HOHENZOLLERN
Die Platen? Was! – Die jetzt in ⌜Preußen⌝ ist?
DER PRINZ VON HOMBURG
Die Platen. Wirklich. Oder die Ramin?
HOHENZOLLERN
Ach, die Ramin! Was! Die, mit roten Haaren! –
Die Platen, mit den schelm'schen Veilchen-Augen!
Die, weiß man, die gefällt Dir. 170
DER PRINZ VON HOMBURG Die gefällt mir. –
HOHENZOLLERN
Nun, und die, sagst Du, reichte Dir den Kranz?
DER PRINZ VON HOMBURG
Hoch auf, gleich einem ⌜Genius⌝ des Ruhms,
Hebt sie den Kranz, an dem die Kette schwankte,
Als ob sie einen Helden krönen wollte.
Ich streck', in unaussprechlicher Bewegung, 175
Die Hände streck' ich aus, ihn zu ergreifen:
Zu Füßen will ich vor ihr niedersinken.
Doch, wie der Duft*, der über Täler schwebt,
Vor eines Windes frischem Hauch zerstiebt,
Weicht mir die Schar, die Ramp' ersteigend, aus. 180
Die Rampe dehnt sich, da ich sie betrete,
Endlos, bis an das Tor des Himmels aus,
Ich greife rechts, ich greife links umher,
Der Teuren Einen ängstlich zu erhaschen.
Umsonst! Des Schlosses Tor geht plötzlich auf; 185
Ein Blitz der aus dem Innern zuckt, verschlingt sie,
Das Tor fügt rasselnd wieder sich zusammen:
Nur einen Handschuh, heftig, im Verfolgen,
Streif ich der süßen Traumgestalt vom Arm:

Dunst,
Nebel

190 Und einen Handschuh, ihr allmächt'gen Götter,
Da ich erwache, halt' ich in der Hand!

HOHENZOLLERN
Bei meinem Eid! – Und nun meinst Du, der Handschuh,
Der sei der ihre?

DER PRINZ VON HOMBURG
Wessen?

HOHENZOLLERN Nun, der Platen!

DER PRINZ VON HOMBURG
Der Platen. Wirklich. Oder der Ramin? –

HOHENZOLLERN *lacht:*
195 Schelm, der Du bist, mit Deinen Visionen!
Wer weiß von welcher ⌐Schäferstunde⌐, traun*,   in Wahrheit,
Mit Fleisch und Bein hier wachend zugebracht,   wahrhaftig
Dir noch der Handschuh in den Händen klebt!

DER PRINZ VON HOMBURG
Was! Mir? Bei meiner Liebe –!

HOHENZOLLERN Ei so, zum Henker,
200 Was kümmerts mich? Meinthalben sei's die Platen,
Sei's die Ramin! Am Sonntag geht die Post nach Preußen,
Da kannst Du auf dem kürzsten Weg' erfahren,
Ob Deiner Schönen dieser Handschuh fehlt. –
Fort! Es ist Zwölf. Was stehen wir hier und plaudern.

DER PRINZ VON HOMBURG *träumt vor sich nieder:*
205 – Da hast Du Recht. Laß uns zu Bette gehn.
Doch was ich sagen wollte, Lieber,
Ist die Kurfürstin noch und ihre Nichte hier,
Die liebliche Prinzessin von Oranien,
Die jüngst in unser Lager eingetroffen?

HOHENZOLLERN
210 Warum? – Ich glaube gar der Tor –?

DER PRINZ VON HOMBURG Warum? –
Ich sollte, weißt Du, dreißig Reiter stellen,
Sie wieder von dem Kriegsplatz wegzuschaffen.
⌐Ramin⌐ hab' ich deshalb beordern* müssen.   beauftragen

HOHENZOLLERN

Ei, was! Die sind längst fort! Fort, oder reisen gleich!
Ramin, zum Aufbruch völlig fertig stand   215
Die ganze Nacht durch mindstens am Portal.
Doch fort! Zwölf ist's; und eh' die Schlacht beginnt,
Wünsch' ich mich noch ein wenig auszuruhn.
Beide ab.

*Szene: Ebendaselbst. Saal im Schloß. Man hört in der
Ferne schießen.*

Fünfter Auftritt

*Die Kurfürstin und die Prinzessin Natalie in Reiseklei-
dern, geführt von einem Hofkavalier, treten auf und lassen
sich zur Seite nieder. Hofdamen. Hierauf der Kurfürst,
Feldmarschall Dörfling, der Prinz von Homburg, den*
Reitjacke *Handschuh im Collet*, der Graf von Hohenzollern, Graf
Truchseß, Obrist Hennings, Rittmeister von der Golz und
mehrere andere, Generale, Obersten und Offiziere.*

DER KURFÜRST

Was ist dies für ein Schießen? – Ist das Götz?

FELDMARSCHALL DÖRFLING

Das ist der Oberst Götz, mein Fürst und Herr,   220
Berittene   Der mit dem Vortrab* gestern vorgegangen.
Vorhut, Vor-   Er hat schon einen Offizier gesandt,
truppen   Der im Voraus darüber Dich beruh'ge.
Ein schwed'scher ⌐Posten⌐ ist, von tausend Mann,
Bis auf die Hackelberge vorgerückt;   225
Doch haftet Götz für diese Berge Dir,
Und sagt mir an, Du möchtest nur verfahren,
Als hätte sie sein Vortrab schon besetzt.

DER KURFÜRST *zu den Offizieren:*
  Ihr Herrn, der Marschall kennt den Schlachtentwurf;
230 Nehmt euren Stift, bitt' ich, und schreibt ihn auf.
  Die Offiziere versammeln sich auf der andern Seite um den
  Feldmarschall und nehmen ihre Schreibtafeln heraus.
  DER KURFÜRST *wendet sich zu dem Hofkavalier:*
  Ramin ist mit dem Wagen vorgefahren?
EIN HOFKAVALIER
  Im Augenblick, mein Fürst. – Man spannt schon an.
  DER KURFÜRST *läßt sich auf einen Stuhl hinter der Kur-*
  fürstin und der Prinzessin nieder:
  Ramin wird meine teur' Elisa führen,
  Und dreißig rüst'ge* Reiter folgen ihm.   kräftige,
235 Ihr geht auf Kalkhuhns, meines Kanzlers Schloß,   tüchtige
  Bei Havelberg, jenseits des Havelstroms,
  Wo sich kein Schwede mehr erblicken läßt. –
DIE KURFÜRSTIN Hat man die Fähre wieder hergestellt?
DER KURFÜRST Bei Havelberg? – Die Anstalt ist getroffen.
240 Zudem ist's Tag, bevor ihr sie erreicht.
  Pause.
  Natalie ist so still, mein süßes Mädchen?
  – Was fehlt dem Kind'?
PRINZESSIN NATALIE   Mich schauert, lieber Onkel.
DER KURFÜRST
  Und gleichwohl ist mein Töchterchen so sicher,
  In ihrer Mutter Schoß war sie's nicht mehr.
  Pause.
DIE KURFÜRSTIN
245 Wann, denkst Du, werden wir uns wiedersehen?
DER KURFÜRST
  Wenn Gott den Sieg mir schenkt, wie ich nicht zweifle,
  Vielleicht im Laufe dieser Tage schon.
  Pagen kommen und servieren den Damen ein Frühstück. –
  Feldmarschall Dörfling diktiert. – Der Prinz von Hom-
  burg, Stift und Tafel in der Hand, fixiert die Damen.

FELDMARSCHALL
Der Plan der Schlacht, ihr Herren Obersten,

Anrede für den Fürsten

Den die Durchlaucht* des Herrn ersann, bezweckt,
Der Schweden flücht'ges Heer, zu gänzlicher 250
Zersplittrung, von dem Brückenkopf zu trennen,
Der an dem Rhynfluß ihren Rücken deckt.
Der Oberst Hennings –!
OBERST HENNINGS   Hier!
Er schreibt.
FELDMARSCHALL   Der, nach des Herren
                                                    Willen, heut
Des Heeres rechten Flügel kommandiert,

Tal

Soll, durch den Grund* der Hackelbüsche, still 255
Des Feindes linken zu umgehen suchen,
Sich mutig zwischen ihn und die drei Brücken werfen,
Und mit dem Grafen Truchß vereint –
Graf Truchß!
GRAF TRUCHSESS
                    Hier!
Er schreibt.
FELDMARSCHALL Und mit dem Grafen Truchß vereint – 260
Er hält inne.
Der, auf den Höhn indes, dem Wrangel gegenüber,
Mit den Kanonen Posten hat gefaßt –
GRAF TRUCHSESS *schreibt:*
Kanonen Posten hat gefaßt –
FELDMARSCHALL   Habt ihr?
er fährt fort:
Die Schweden in den Sumpf zu jagen suchen,
Der hinter ihrem rechten Flügel liegt. 265
EIN HEIDUCK *tritt auf:*
Der Wagen gnäd'ge Frau, ist vorgefahren.
Die Damen stehen auf.
FELDMARSCHALL
Der Prinz von Homburg –

DER KURFÜRST *erhebt sich gleichfalls:*
                    – Ist Ramin bereit?
DER HEIDUCK Er harrt zu Pferd' schon unten am Portal.
Die Herrschaften nehmen Abschied von einander.
GRAF TRUCHSESS *schreibt:*
    Der hinter ihrem rechten Flügel liegt.
270 FELDMARSCHALL Der Prinz von Homburg –
    Wo ist der Prinz von Homburg?
GRAF VON HOHENZOLLERN *heimlich:* Arthur!
DER PRINZ VON HOMBURG *fährt zusammen:* Hier!
HOHENZOLLERN
    Bist Du bei Sinnen?
DER PRINZ VON HOMBURG
                    Was befiehlt mein Marschall?
Er errötet, stellt sich mit Stift und Pergament und schreibt.
FELDMARSCHALL
    Dem die Durchlaucht des Fürsten wiederum
    Die Führung ruhmvoll, wie bei Rathenow,
275   Der ganzen märkschen Reiterei vertraut –
Er hält inne.
    Dem Obrist Kottwitz gleichwohl unbeschadet,
    Der ihm mit seinem Rat zur Hand wird gehn –!
halblaut zum Rittmeister Golz:
    Ist Kottwitz hier?
RITTMEISTER VON DER GOLZ
                    Nein, mein General, Du siehst,
    Mich hat er abgeschickt, an seiner Statt,
280   Aus Deinem Mund' den Kriegsbefehl zu hören.
Der Prinz sieht wieder nach den Damen herüber.
FELDMARSCHALL *fährt fort:*
    Stellt auf der Ebne sich beim Dorfe Hackelwitz,
    Des Feindes rechten Flügel gegenüber,
    Fern außer dem Kanonenschusse* auf.
RITTMEISTER VON DER GOLZ *schreibt:*
    Fern außer dem Kanonenschusse auf.

außerhalb
der Reich-
weite der
Kanonen

*Die Kurfürstin bindet der Prinzessin ein Tuch um den
Hals. Die Prinzessin, indem sie sich die Handschuh an-
ziehen will, sieht sich um, als ob sie etwas suchte.*

DER KURFÜRST *tritt zu ihr:*
Mein Töchterchen, was fehlt Dir –? 285

DIE KURFÜRSTIN Suchst Du etwas?

PRINZESSIN NATALIE
Ich weiß nicht, liebe Tante, meinen Handschuh –
Sie sehen sich alle um.

DER KURFÜRST *zu den Hofdamen:*
Ihr Schönen! Wollt ihr gütig euch bemühn?

DIE KURFÜRSTIN *zur Prinzessin:*
Du hältst ihn, Kind.

NATALIE Den rechten; doch den linken?

DER KURFÜRST
Vielleicht daß er im Schlafgemach geblieben?

NATALIE O liebe Bork! 290

DER KURFÜRST *zu diesem Fräulein:*
Rasch, rasch!

NATALIE Auf dem Kamin!
Die Hofdame ab.

DER PRINZ VON HOMBURG *für sich:*
Herr meines Lebens! Hab' ich recht gehört?
Er nimmt den Handschuh aus dem Collet.

FELDMARSCHALL *sieht in ein Papier, das er in der Hand
hält:*
Fern außer dem Kanonenschusse auf. –
Er fährt fort:
Des Prinzen Durchlaucht wird –

DER PRINZ VON HOMBURG Den Handschuh sucht sie –!
Er sieht bald den Handschuh, bald die Prinzessin an.

FELDMARSCHALL
Nach unsers Herrn ausdrücklichem Befehl –

RITTMEISTER VON DER GOLZ *schreibt:*
Nach unsers Herrn ausdrücklichem Befehl – 295

FELDMARSCHALL

Wie immer auch die Schlacht sich wenden mag,
Vom Platz nicht, der ihm angewiesen, weichen –

DER PRINZ VON HOMBURG

– Rasch, daß ich jetzt erprüfe, ob er's ist!
Er läßt, zugleich mit seinem Schnupftuch, den Handschuh
fallen; das Schnupftuch hebt er wieder auf, den Hand-
schuh läßt er so, daß ihn jedermann sehen kann, liegen.

FELDMARSCHALL *befremdet:*

Was macht des Prinzen Durchlaucht?

GRAF VON HOHENZOLLERN *heimlich:* Arthur!

DER PRINZ VON HOMBURG   Hier!

HOHENZOLLERN   Ich glaub'

300   Du bist des Teufels?!

DER PRINZ VON HOMBURG

                      Was befiehlt mein Marschall?
Er nimmt wieder Stift und Tafel zur Hand. Der Feldmar-
schall sieht ihn einen Augenblick fragend an. – Pause.

RITTMEISTER VON DER GOLZ *nachdem er geschrieben:*

Vom Platz nicht, der ihm angewiesen, weichen –

FELDMARSCHALL *fährt fort:*

Als bis, gedrängt von Hennings und von Truchß –

DER PRINZ VON HOMBURG *zum Rittmeister Golz, heim-*
lich, indem er in seine Schreibtafel sieht:

Wer? Lieber Golz! Was? Ich?

RITTMEISTER VON DER GOLZ   Ihr, ja! Wer sonst?

DER PRINZ VON HOMBURG

Vom Platz nicht soll ich –?

RITTMEISTER VON DER GOLZ Freilich!

FELDMARSCHALL   Nun? Habt ihr?

DER PRINZ VON HOMBURG *laut:*

305   Vom Platz nicht, der mir angewiesen, weichen –
Er schreibt.

FELDMARSCHALL

Als bis, gedrängt von Hennings und von Truchß –

Er hält inne.

Des Feindes linker Flügel aufgelös't,
Auf seinen rechten stürzt, und alle seine

Weideland,
Wiesenland

Schlachthaufen wankend nach der Trift* sich drängen,
In deren Sümpfen, oft durchkreuzt von Gräben, 310

zu vernich-
ten

Der Kriegsplan eben ist, ihn aufzureiben*.

DER KURFÜRST Ihr Pagen, leuchtet! – Euren Arm, ihr
                                    Lieben!

das Signal
zum Angriff
geben

Er bricht mit der Kurfürstin und der Prinzessin auf.
FELDMARSCHALL Dann wird er die Fanfare blasen lassen*.

ehrerbietig
grüßen

DIE KURFÜRSTIN *da einige Offiziere sie komplimentieren**:
  Auf Wiedersehn, ihr Herrn! ⌈Laßt uns nicht stören.⌉
Der Feldmarschall komplimentiert sie auch.
DER KURFÜRST *steht plötzlich still:*
  Sieh da! Des Fräuleins Handschuh! Rasch! Dort liegt er! 315
EIN HOFKAVALIER
  Wo?
DER KURFÜRST
     Zu des Prinzen, unsers Vetters, Füßen!
DER PRINZ VON HOMBURG
  Zu meinen –? Was! Ist das der eurige?
Er hebt ihn auf und bringt ihn der Prinzessin.
NATALIE Ich dank' euch, edler Prinz.
DER PRINZ VON HOMBURG *verwirrt:* Ist das der eure?
NATALIE Der meinige; der, welchen ich vermißt.
Sie empfängt ihn und zieht ihn an.
DIE KURFÜRSTIN *zu dem Prinzen, im Abgehen:*
  Lebt wohl! Lebt wohl! Viel Glück und Heil und Segen! 320
  Macht, daß wir bald und froh uns wiedersehn!
*Der Kurfürst mit den Frauen ab. Hofdamen, Kavaliere
und Pagen folgen.*
DER PRINZ VON HOMBURG *steht einen Augenblick, wie
vom Blitz getroffen, da; dann wendet er sich mit trium-
phierenden Schritten wieder in den Kreis der Offiziere zu-
rück:*
  Dann wird er die Fanfare blasen lassen!

Er tut als ob er schriebe.

FELDMARSCHALL *sieht in sein Papier:*
>Dann wird er die Fanfare blasen lassen. –
>Doch wird des Fürsten Durchlaucht ihm, damit,
>Durch Mißverstand* der Schlag zu früh nicht falle –   Unverstand
Er hält inne.

RITTMEISTER VON DER GOLZ *schreibt:*
>Durch Mißverstand der Schlag zu früh nicht falle –

DER PRINZ VON HOMBURG *zum Graf Hohenzollern, heimlich, in großer Bewegung:*
>O Heinrich!

HOHENZOLLERN *unwillig:*
>Nun! Was gibt's? Was hast Du vor?

DER PRINZ VON HOMBURG
>Was! Sahst Du nichts?

HOHENZOLLERN   Nein, nichts! Sei still, zum Henker!

FELDMARSCHALL *fährt fort:*
>Ihm einen Offizier aus seiner Suite senden,
>Der den Befehl, das merkt, ausdrücklich noch
>Zum Angriff auf den Feind ihm überbringe.
>Eh wird er nicht Fanfare blasen lassen.
Der Prinz steht und träumt vor sich nieder.
>– Habt ihr?

RITTMEISTER VON DER GOLZ *schreibt:*
>Eh wird er nicht Fanfare blasen lassen.

FELDMARSCHALL *mit erhöhter Stimme:*
>Des Prinzen Durchlaucht, habt ihr?

DER PRINZ VON HOMBURG   Mein Feldmarschall!

FELDMARSCHALL
>Ob ihr geschrieben habt?

DER PRINZ VON HOMBURG – Von der Fanfare?

HOHENZOLLERN *heimlich, unwillig, nachdrücklich:*
>Fanfare! Sei verwünscht! Nicht eh', als bis der –

RITTMEISTER VON DER GOLZ *eben so:*
>Als bis er selbst –

DER PRINZ VON HOMBURG *unterbricht sie:*
> Ja, allerdings! Eh nicht – –
Doch dann wird er Fanfare blasen lassen.
Er schreibt. – Pause.
FELDMARSCHALL
> Den Obrist Kottwitz, merkt das, Baron Golz,   340
Wünsch' ich, wenn er es möglich machen kann,
Noch vor Beginn des Treffens selbst zu sprechen.
RITTMEISTER VON DER GOLZ *mit Bedeutung:*
> Bestellen werd' ich es. Verlass' Dich drauf.
Pause.
DER KURFÜRST *kommt zurück:*
> Nun, meine General' und Obersten,
⌐Der Morgenstrahl ergraut!¬ – Habt ihr geschrieben?   345
FELDMARSCHALL
> Es ist vollbracht, mein Fürst; Dein Kriegsplan ist

Punkt für
Punkt
> An Deine Feldherrn pünktlich* ausgeteilt!
DER KURFÜRST *indem er Hut und Handschuh nimmt:*
> Herr Prinz von Homburg, Dir empfehl' ich Ruhe!
Du hast am Ufer, weißt Du, mir des Rheins

beherrsch'
dich
> Zwei Siege jüngst verscherzt; regier' Dich* wohl,   350
Und laß mich heut den dritten nicht entbehren,
Der Mindres nicht, als Thron und Reich, mir gilt!
zu den Offizieren:
> Folgt mir! – He, Franz!
EIN REITKNECHT *tritt auf:* Hier!
DER KURFÜRST   Rasch! Den Schimmel vor!
> – Noch vor der Sonn' im Schlachtfeld will ich sein!
Ab; die Generale, Obersten und Offiziere folgen ihm.

Sechster Auftritt

DER PRINZ VON HOMBURG *in den Vordergrund tretend:*

⌐Nun denn, auf Deiner Kugel, Ungeheures,
⌐Du, der⌐ der Windeshauch den Schleier heut,
Gleich einem Segel, lüftet, roll' heran!
Du hast mir, Glück, die Locken schon gestreift:
Ein Pfand* schon warfst Du, im Vorüberschweben,
Aus Deinem Füllhorn lächelnd mir herab:
Heut, Kind der Götter, such' ich, Flüchtiges,
Ich hasche* Dich im Feld der Schlacht und stürze
Ganz Deinen Segen mir zu Füßen um:
Wärst Du auch siebenfach, mit Eisenketten,
Am schwed'schen Siegeswagen festgebunden!⌐
Ab.

Gemeint ist: Natalies Handschuh

ergreife

Zweiter Akt

Szene: Schlachtfeld bei Fehrbellin.

Erster Auftritt

Obrist Kottwitz, Graf Hohenzollern, Rittmeister von der Golz und andere Offiziere, an der Spitze der Reuterei, treten auf.

OBRIST KOTTWITZ *außerhalb der Szene:*
    Halt hier die Reiterei, und abgesessen!
HOHENZOLLERN *und* GOLZ *treten auf:*
    Halt! – halt!
OBRIST KOTTWITZ
                    Wer hilft vom Pferde mir, ihr Freunde?
HOHENZOLLERN *und* GOLZ
    Hier, Alter, hier!
Sie treten wieder zurück.
OBRIST KOTTWITZ *außerhalb:*

> Zu ergän-
> zen: holte

              Habt Dank! – Ouf! Daß die Pest mich*!
    – Ein edler Sohn, für euren Dienst, jedwedem,
    Der euch, wenn ihr zerfallt, ein Gleiches tut!   37C
Er tritt auf; Hohenzollern, Golz und Andere, hinter ihm.
    Ja, auf dem Roß fühl' ich voll Jugend mich;

> beginnt ein
> Gefecht

    Doch sitz' ich ab, da hebt ein Strauß sich an*,
    Als ob sich Leib und Seele kämpfend trennten!
Er sieht sich um:
    Wo ist des Prinzen, unsers Führers, Durchlaucht.
HOHENZOLLERN
    Der Prinz kehrt gleich zu Dir zurück!   37⁵
OBRIST KOTTWITZ   Wo ist er?
HOHENZOLLERN
    Er ritt ins Dorf, das Dir, versteckt in Büschen,
    Zur Seite blieb. Er wird gleich wiederkommen.

EIN OFFIZIER Zur Nachtzeit, hör' ich, fiel er mit dem Pferd?

HOHENZOLLERN
Ich glaube, ja!

OBRIST KOTTWITZ Er fiel?

HOHENZOLLERN *wendet sich:* Nichts von Bedeutung!
380 Sein Rappe scheute an der Mühle sich,
Jedoch, leichthin zur Seite niedergleitend,
Tat er auch nicht den mindesten Schaden sich.
Es ist den Odem* keiner Sorge wert.   Atem

OBRIST KOTTWITZ *auf einen Hügel tretend:*
Ein schöner Tag, so wahr ich Leben atme!
385 Ein Tag, von Gott, dem hohen Herrn der Welt,
Gemacht zu süßerm Ding', als sich zu schlagen!
Die Sonne schimmert rötlich durch die Wolken,
Und die Gefühle flattern, mit der Lerche,
Zum heitern Duft des Himmels jubelnd auf!

390 **GOLZ** Hast du den Marschall Dörfling aufgefunden?

OBRIST KOTTWITZ *kommt vorwärts:*
Zum Henker, nein! Was denkt die Exzellenz?
⌐Bin ich ein Pfeil, ein Vogel, ein Gedanke⌐,
Daß er mich durch das ganze Schlachtfeld sprengt*?   springen
Ich war beim Vortrab, auf den Hackelhöhn,   lässt
395 Und in dem Hackelgrund, beim Hintertrab*:   bei der
Doch wen ich nicht gefunden, war der Marschall!   Nachhut
Drauf meine Reuter sucht' ich wieder auf.

GOLZ Das wird sehr leid ihm tun. Es schien er hatte
Dir von Belang noch etwas zu vertrauen.

DER OFFIZIER
400 Da kommt des Prinzen, unsers Führers, Durchlaucht!

Zweiter Auftritt

Der Prinz von Homburg ⌈mit einem schwarzen Band⌉ um
die linke Hand. Die Vorigen.

OBRIST KOTTWITZ
    Sei mir gegrüßt, mein junger, edler Prinz!
    Schau her, wie während Du im Dörfchen warst,
    Die Reiter ich im Talweg aufgestellt:
    Ich denk', Du wirst mit mir zufrieden sein!

DER PRINZ VON HOMBURG
    Guten Morgen, Kottwitz! – Guten Morgen, Freunde!   405
    – Du weißt, ich lobe Alles, was Du tust.

HOHENZOLLERN
    Was machtest, Arthur, in dem Dörfchen Du?
    – Du scheinst so ernst!

DER PRINZ VON HOMBURG Ich – war in der Kapelle,
    Die aus des Dörfchens stillen Büschen blinkte.
    Man läutete, da wir vorüberzogen,   410
    Zur Andacht eben ein, da trieb mich's an,
    Am Altar auch mich betend hinzuwerfen.

OBRIST KOTTWITZ
    Ein frommer junger Herr, das muß ich sagen!
    Das Werk, glaubt mir, das mit Gebet beginnt,
    Das wird mit Heil und Ruhm und Sieg sich krönen!   415

DER PRINZ VON HOMBURG
    Was ich Dir sagen wollte, Heinrich –
Er führt den Grafen ein wenig vor.
    Was war's schon, was der Dörfring, mich betreffend,
    Bei der Parol' hat gestern vorgebracht?

HOHENZOLLERN
    – Du warst zerstreut. Ich hab' es wohl gesehn.

DER PRINZ VON HOMBURG
    Zerstreut – geteilt; ich weiß nicht, was mir fehlte.   420
    Diktieren in die Feder macht mich irr. –

[handschriftliche Randnotizen: "Jambus 5-hebig ohne Reim Blankvers"; "Aliteration"; metrische Markierung über der Zeile "Was machtest, Arthur, in dem Dörfchen Du?"]

HOHENZOLLERN

   – Zum Glück nicht diesmal eben viel für Dich.
   Der Truchß und Hennings, die das Fußvolk führen,
   Die sind zum Angriff auf den Feind bestimmt,
425   Und Dir ist aufgegeben, hier zu halten
   Im Tal, schlagfertig mit der Reiterei,
   Bis man zum Angriff den Befehl dir schickt.

DER PRINZ VON HOMBURG *nach einer Pause, in der er vor sich niedergeträumt:*

   – Ein wunderlicher Vorfall!

HOHENZOLLERN   Welcher, Lieber?
Er sieht ihn an. – Ein Kanonenschuß fällt.

OBERST KOTTWITZ

   Holla, ihr Herrn, holla! Sitzt auf, sitzt auf!
430   Das ist der Hennings und die Schlacht beginnt!
Sie besteigen sämtlich einen Hügel.

DER PRINZ VON HOMBURG

   Wer ist es? Was?

HOHENZOLLERN Der Obrist Hennings, Arthur,
   Der sich in Wrangels Rücken hat geschlichen!
   Komm nur, dort kannst Du Alles überschaun.

GOLZ *auf dem Hügel:*

   Seht, wie er furchtbar sich am Rhyn entfaltet!

DER PRINZ VON HOMBURG *hält sich die Hand vor's Auge:*

435   – Der Hennings dort auf unserm rechten Flügel?

ERSTER OFFIZIER

   Ja, mein erlauchter Prinz.

DER PRINZ VON HOMBURG Was auch, zum Henker!
   Der stand ja gestern auf des Heeres Linken.
Kanonenschüsse in der Ferne.

OBRIST KOTTWITZ

   Blitzelement! Seht, aus zwölf Feuerschlünden
   Wirkt jetzt der Wrangel auf den Hennings los!

ERSTER OFFIZIER

440   Das nenn' ich Schanzen* das, die schwedischen!

> Militär.
> Befesti-
> gungs-
> anlagen

ZWEITER OFFIZIER
    Bei Gott, getürmt, bis an die Kirchturmsspitze,
    Des Dorfs, das hinter ihrem Rücken liegt!
Schüsse in der Nähe.
GOLZ Das ist der Truchß!
DER PRINZ VON HOMBURG Der Truchß?
OBRIST KOTTWITZ   Der Truchß, er, ja;
    Der Hennings jetzt von vorn zu Hülfe kommt.
DER PRINZ VON HOMBURG
    Wie kommt der Truchß heut in die Mitte?   445

Beschuss *Heftige Kanonade*.*
mir scheint GOLZ O Himmel, schaut, mich dünkt* das Dorf fing Feuer!
DRITTER OFFIZIER
    Es brennt, so wahr ich leb'!
ERSTER OFFIZIER   Es brennt! Es brennt!
    Die Flamme zuckt schon an dem Turm empor!
Schwed.
Meldereiter GOLZ Hui! Wie die Schwedenboten* fliegen rechts und
                               links!
ZWEITER OFFIZIER
    Sie brechen auf!   450
OBRIST KOTTWITZ Wo?
ERSTER OFFIZIER   Auf dem rechten Flügel! –
DRITTER OFFIZIER
Truppenteile
des Heeres   Freilich! In Zügen! Mit drei Regimentern*!
    Es scheint, den linken wollen sie verstärken.
ZWEITER OFFIZIER Bei meiner Treu! Und Reiterei rückt vor,
    Den Marsch des rechten Flügels zu bedecken!
HOHENZOLLERN *lacht:*
    Ha! Wie das Feld die wieder räumen wird,   455
    Wenn sie versteckt uns hier im Tal erblickt!
⌜*Musketenfeuer.*⌝
KOTTWITZ
    Schaut, Brüder, schaut!
ZWEITER OFFIZIER   Horcht!
ERSTER OFFIZIER   Feuer der Musketen!

DRITTER OFFIZIER

Jetzt sind sie bei den Schanzen aneinander! –

GOLZ Bei Gott! Solch einen Donner des Geschützes
460 Hab' ich Zeit meines Lebens nicht gehört!

HOHENZOLLERN

Schießt! Schießt! Und macht den Schoß der Erde
bersten!

Der Riß soll eurer Leichen Grabmal sein!

Pause. – Ein Siegesgeschrei in der Ferne.

ERSTER OFFIZIER

Herr, Du, dort oben, der den Sieg verleiht:

Der Wrangel kehrt den Rücken schon!

HOHENZOLLERN   Nein, sprich!

465 GOLZ Beim Himmel, Freunde! Auf dem linken Flügel!

Er räumt mit seinem Feldgeschütz die Schanzen.

ALLE Triumph! Triumph! Triumph! Der Sieg ist unser!

DER PRINZ VON HOMBURG *steigt vom Hügel herab:*

Auf, Kottwitz, folg' mir!

OBRIST KOTTWITZ   Ruhig, ruhig, Kinder!

DER PRINZ VON HOMBURG

Auf! Laß Fanfare blasen! Folge mir!

470 OBRIST KOTTWITZ Ich sage, ruhig.

DER PRINZ VON HOMBURG *wild:*   Himmel, Erd' und Hölle!

OBRIST KOTTWITZ

Des Herrn Durchlaucht, bei der Parole gestern,

Befahl, daß wir auf Ordre* warten sollen.   Befehl

Golz, lies den Herren die Parole vor.

DER PRINZ VON HOMBURG

Auf Ordr'? Ei, Kottwitz! Reitest Du so langsam?

475 Hast Du sie noch vom Herzen nicht empfangen?

OBRIST KOTTWITZ

Ordre?

HOHENZOLLERN

Ich bitte Dich!

OBRIST KOTTWITZ   Von meinem Herzen?

HOHENZOLLERN

dich beleh-
ren Laß Dir bedeuten*, Arthur!

GOLZ   Hör', mein Obrist!

OBRIST KOTTWITZ *beleidigt:*
  Oho! Kömmst Du mir so, mein junger Herr? –
  Den Gaul, den Du daher sprengst, schlepp' ich noch
  Im Notfall an dem Schwanz des meinen fort!   480
  Marsch, Marsch, ihr Herrn! Trompeter, die Fanfare!
  Zum Kampf! Zum Kampf! Der Kottwitz ist dabei!

GOLZ *zu Kottwitz:*
  Nein, nimmermehr, mein Obrist! Nimmermehr!

ZWEITER OFFIZIER
  Der Hennings hat den Rhyn noch nicht erreicht!

ERSTER OFFIZIER Nimm ihm den Degen ab!   485

DER PRINZ VON HOMBURG   Den Degen mir?
Er stößt ihn zurück:
  Ei, Du vorwitz'ger Knabe, der Du noch
  Nicht die ⌐zehn märkischen Gebote¬ kennst!
  Hier ist der deinige, zusamt der Scheide!
Er reißt ihm das Schwert samt dem Gürtel ab.

ERSTER OFFIZIER *taumelnd:*
  Mein Prinz, die Tat, bei Gott –!

DER PRINZ VON HOMBURG *auf ihn einschreitend:*
                              Den Mund noch öffnest –?

HOHENZOLLERN *zu dem Offizier:*
  Schweig! Bist Du rasend?   490

DER PRINZ VON HOMBURG *indem er den Degen abgibt:*
                        ⌐Ordonnanzen!¬ –
  Führt ihn gefangen ab, ins Hauptquartier.
zu Kottwitz und den übrigen Offizieren:
  Und jetzt ist die Parol', ihr Herrn: ein Schurke,
  Wer seinem General zur Schlacht nicht folgt!
Was ereiferst
du dich? – Wer von euch bleibt?

OBRIST KOTTWITZ   Du hörst. Was eiferst Du?*

HOHENZOLLERN *beilegend:*
495   Es war ein Rat nur, den man Dir erteilt.
OBRIST KOTTWITZ Auf Deine Kappe nimm's. Ich folge Dir.
DER PRINZ VON HOMBURG *beruhigt:*
    Ich nehm's auf meine Kappe. Folgt mir, Brüder!
Alle ab.

Szene: Zimmer in einem Dorfe.

Dritter Auftritt

Ein Hofkavalier in Stiefeln und Sporen tritt auf. – Ein Bau-
er und seine Frau sitzen an einem Tisch und arbeiten.
HOFKAVALIER
    Glück auf, ihr wackern Leute! Habt ihr Platz,
    In eurem Hause Gäste aufzunehmen?
500 DER BAUER O ja! Von Herzen.
DIE FRAU   Darf man wissen, wen?
HOFKAVALIER Die hohe Landesmutter! Keine Schlechtere! –
    Am ⌐Dorftor¬ brach die Achse ihres Wagens,
    Und weil wir hören, daß der Sieg erfochten,
    So braucht es weiter dieser Reise nicht.
BEIDE *stehen auf:*
505   Der Sieg erfochten? – Himmel!
HOFKAVALIER   Das wißt ihr nicht?
    Das Heer der Schweden ist auf's Haupt geschlagen,
    Wenn nicht für immer, doch auf Jahresfrist,
    Die Mark vor ihrem Schwert und Feuer sicher!
    – Doch seht! Da kömmt die Landesfürstin schon.

Vierter Auftritt

Die Kurfürstin bleich und verstört, Prinzessin Natalie und
mehrere Hofdamen folgen. – Die Vorigen.

KURFÜRSTIN *unter der Tür:*

    Bork! Winterfeld! Kommt: gebt mir euren Arm!   510

NATALIE *zu ihr eilend:*

    O meine Mutter!

erbleicht   DIE HOFDAMEN   Gott! Sie bleicht*! Sie fällt!

Sie unterstützen sie.

KURFÜRSTIN

    Führt mich auf einen Stuhl, ich will mich setzen.

    – Tot, sagt er; tot?

NATALIE   O meine teure Mutter!

KURFÜRSTIN Ich will den Unglücksboten selber sprechen.

Fünfter Auftritt

Rittmeister von Mörner tritt verwundet auf, von zwei
Reitern geführt. – Die Vorigen.

Bote KURFÜRSTIN Was bringst Du, Herold* des Entsetzens, mir? 515

MÖRNER Was diese Augen, leider, teure Frau,

    Zu meinem ew'gen Jammer, selbst gesehn.

KURFÜRSTIN

    Wohlan! Erzähl'!

MÖRNER   Der Kurfürst ist nicht mehr!

NATALIE   O Himmel!

    Soll ein so ungeheurer Schlag uns treffen?

Sie bedeckt sich das Gesicht.

gefallen KURFÜRSTIN Erstatte mir Bericht, wie er gesunken*. 520

    – Und wie der Blitzstrahl, der den Wandrer trifft,

    Die Welt noch einmal purpurn ihm erleuchtet,

    So laß Dein Wort sein; Nacht, wenn Du gesprochen,

    Mög' über meinem Haupt zusammenschlagen.

MÖRNER *tritt, geführt von den beiden Reitern, vor ihr:*
525   Der Prinz von Homburg war, sobald der Feind,
    Gedrängt von Truchß, in seiner Stellung wankte,
    Auf Wrangel in die Ebne vorgerückt;
    Zwei Linien hatt' er, mit der Reiterei,
    Durchbrochen schon, und auf der Flucht vernichtet,
530   Als er auf eine ⌐Feldredoute⌐ stieß;
    Hier schlug so mörderischer Eisenregen
    Entgegen ihm, daß seine Reiterschar,
    Wie eine Saat, sich knickend niederlegte:
    Halt' mußt' er machen zwischen Busch und Hügeln,
535   Um sein zerstreutes Reitercorps zu sammeln.
NATALIE *zur Kurfürstin:*
    Geliebte! Fasse Dich!
KURFÜRSTIN   Laß, laß mich, Liebe!
MÖRNER In diesem Augenblick, dem Staub' entrückt,
    Bemerken wir den Herrn, der, bei den Fahnen
    Des Truchßschen Corps, dem Feind entgegenreitet;
540   Auf einem Schimmel herrlich saß er da,
    Im Sonnenstrahl, die Bahn des Siegs erleuchtend.
    Wir Alle sammeln uns*, bei diesem Anblick,   kommen zu-
    Auf eines Hügels Abhang, schwer besorgt,   sammen
    In Mitten ihn des Feuers zu erblicken:
545   Als plötzlich jetzt der Kurfürst, Roß und Reiter,
    In Staub vor unsern Augen niedersinkt;
    Zwei Fahnenträger fielen über ihn,
    Und deckten ihn mit ihren Fahnen zu.
NATALIE O meine Mutter!
ERSTE HOFDAME   Himmel!
KURFÜRSTIN   Weiter! Weiter!
550 MÖRNER Drauf faßt, bei diesem schreckenvollen Anblick,
    Schmerz, unermeßlicher, des Prinzen Herz;
    Dem Bären gleich, von Wut gespornt und Rache,
    Bricht er mit uns auf die Verschanzung los:
    Der Graben wird, der Erdwall, der sie deckt,

Im Anlauf überflogen, die Besatzung   555
Geworfen, auf das Feld zerstreut, vernichtet,

Kanonen, Fahnen, Pauken und Standarten*,
Der Schweden ganzes Kriegsgepäck, erbeutet:
Und hätte nicht der Brückenkopf am Rhyn
Im Würgen uns gehemmt, so wäre keiner,   560
Der, an dem Herd der Väter, sagen könnte:
Bei Fehrbellin sah ich den Helden fallen!
KURFÜRSTIN Ein Sieg, zu teu'r erkauft! Ich mag ihn nicht.
Gebt mir den Preis, den er gekostet wieder.
Sie sinkt in Ohnmacht.
ERSTE HOFDAME
Hilf, Gott im Himmel! Ihre Sinne schwinden.   565
Natalie weint.

Sechster Auftritt

Der Prinz von Homburg tritt auf. – Die Vorigen.
DER PRINZ VON HOMBURG O meine teuerste Natalie!
Er legt ihre Hand gerührt an sein Herz.
NATALIE So ist es wahr?
DER PRINZ VON HOMBURG O! Könnt' ich sagen: nein!
Könnt' ich mit Blut, aus diesem treuen Herzen,
Das seinige zurück ins Dasein rufen! –
NATALIE *trocknet sich die Tränen:*
Hat man denn schon die Leiche aufgefunden?   570
DER PRINZ VON HOMBURG
Ach, mein Geschäft, bis diesen Augenblick,
War Rache nur an Wrangel; wie vermögt' ich,
Solch' einer Sorge mich bis jetzt zu weihn?
Doch eine Schar von Männern sandt' ich aus,
Ihn, im Gefild des Todes, aufzusuchen: 575
Vor Nacht noch zweifelsohne trifft er ein.
NATALIE Wer wird, in diesem schauderhaften Kampf,

Jetzt diese Schweden niederhalten? Wer
Vor dieser Welt von Feinden uns beschirmen,
580 Die uns sein Glück, die uns sein Ruhm erworben?
DER PRINZ VON HOMBURG *nimmt ihre Hand:*
Ich, Fräulein, übernehme eure Sache!
⌐Ein Engel will ich, mit dem Flammenschwert⌐,
An eures Throns verwais'ten Stufen stehn!
Der Kurfürst wollte, eh das Jahr noch wechselt,
585 Befreit die ⌐Marken⌐ sehn; wohlan! ich will der
Vollstrecker solchen letzten Willens sein!
NATALIE Mein lieber, teurer Vetter!
Sie zieht ihre Hand zurück.
DER PRINZ VON HOMBURG   O Natalie!
Er hält einen Augenblick inne:
Wie denkt ihr über eure Zukunft jetzt?
NATALIE Ja, was soll ich, nach diesem Wetterschlag*,   Donner-
590 Der unter mir den Grund zerreißt, beginnen?   schlag
Mit ruht der Vater, mir die teure Mutter,
Im Grab zu Amsterdam; in Schutt und Asche
Liegt Dortrecht, meines Hauses Erbe, da;
Gedrängt von Spaniens Tyrannenheeren,
595 Weiß ⌐Moritz kaum, mein Vetter von Oranien⌐,
Wo er die eignen Kinder retten soll:
Und jetzt sinkt mir die letzte Stütze nieder,
Die meines Glückes Rebe aufrecht hielt.
Ich ward zum zweitenmale heut verwais't!
DER PRINZ VON HOMBURG *schlägt einen Arm um ihren Leib:*
600 O meine Freundin! Wäre diese Stunde
Der Trauer nicht geweiht, so wollt' ich sagen:
Schlingt eure Zweige hier um diese Brust,
Um sie, die schon seit Jahren, einsam blühend,
Nach eurer Glocken* holden Duft sich sehnt!   Blüten
605 NATALIE Mein lieber, guter Vetter!
DER PRINZ VON HOMBURG   – Wollt ihr? Wollt ihr?
NATALIE – Wenn ich ins innere Mark ihr wachsen darf?

Sie legt sich an seine Brust.

DER PRINZ VON HOMBURG
   Wie? Was war das?

NATALIE   Hinweg!

DER PRINZ VON HOMBURG *hält sie:*
                              In ihren Kern!
   In ihres Herzens Kern, Natalie!
Er küßt sie; sie reißt sich los.
   O Gott, wär er jetzt da, den wir beweinen,
   Um diesen Bund zu schauen! Könnten wir   610
   Zu ihm aufstammeln: Vater segne uns!
Er bedeckt sein Gesicht mit seinen Händen; Natalie wendet sich wieder zur Kurfürstin zurück.

Siebenter Auftritt

Ein Wachtmeister tritt eilig auf. – Die Vorigen.

WACHTMEISTER
   Mein Prinz, kaum wag' ich, beim lebendigen Gott,
   Welch' ein Gerücht sich ausstreut, euch zu melden!
   – Der Kurfürst lebt!

DER PRINZ VON HOMBURG
                        Er lebt!

WACHTMEISTER   Beim hohen Himmel!
   Graf Sparren bringt die Nachricht eben her.   615

NATALIE Herr meines Lebens! Mutter; hörtest Du's?
Sie stürzt vor der Kurfürstin nieder und umfaßt ihren Leib.

DER PRINZ VON HOMBURG
   Nein, sag –! Wer bringt mir?

WACHTMEISTER   Graf Georg von Sparren,
   Der ihn in Hackelwitz, beim Truchßschen Corps,
   Mit eignem Aug', gesund und wohl, gesehn!

DER PRINZ VON HOMBURG
   Geschwind! Lauf, Alter! Bring' ihn mir herein!   620
Wachtmeister ab.

Achter Auftritt

Graf von Sparren und der Wachtmeister treten auf. –
Die Vorigen.

KURFÜRSTIN

O stürzt mich zweimal nicht zum Abgrund nieder!

NATALIE Nein, meine teure Mutter!

KURFÜRSTIN   Friedrich lebt?

NATALIE *hält sie, mit beiden Händen, aufrecht:*

Des Daseins Gipfel nimmt euch wieder auf!

WACHTMEISTER *auftretend:*

Hier ist der Offizier!

DER PRINZ VON HOMBURG Herr Graf von Sparren!

625   Des Herrn Durchlaucht habt ihr, frisch und wohlauf,

Beim Truchßschen Corps, in Hackelwitz gesehn?

GRAF SPARREN Ja, mein erlauchter Prinz, im Hof des Pfarrers,

Wo er Befehle gab, vom Stab' umringt,

Die Toten beider Heere zu begraben!

630 DIE HOFDAMEN O Gott! An Deine Brust –

Sie umarmen sich.

KURFÜRSTIN   O meine Tochter!

NATALIE Nein, diese Seligkeit ist fast zu groß!

Sie drückt ihr Gesicht in der Tante Schoß.

DER PRINZ VON HOMBURG

Sah ich, von fern, an meiner Reiter Spitze,

Ihn nicht zerschmettert von Kanonenkugeln,

In Staub, samt seinem Schimmel, niederstürzen?

GRAF SPARREN

635   Der Schimmel, allerdings, stürzt', samt dem Reiter,

Doch wer ihn ritt, mein Prinz, war nicht der Herr.

DER PRINZ VON HOMBURG

Nicht? Nicht der Herr?

NATALIE   O Jubel!

Sie steht auf, und stellt sich an die Seite der Kurfürstin.

DER PRINZ VON HOMBURG   Sprich! Erzähle!

Dein Wort fällt schwer wie Gold in meine Brust!
GRAF SPARREN O laßt die rührendste Begebenheit,
Die je ein Ohr vernommen, euch berichten! 640
Der Landesherr, der, jeder Warnung taub,
Den Schimmel wieder ritt, den strahlend weißen,
Den ⌐Froben⌐ jüngst in England ihm erstand,
War wieder, wie bis heut noch stets geschah,
Das Ziel der feindlichen Kanonenkugeln. 645
Kaum konnte, wer zu seinem ⌐Troß⌐ gehörte,
Auf einen Kreis von hundert Schritt ihm nahn;
⌐Granaten⌐ wälzten, Kugeln und ⌐Kartätschen⌐,
Sich wie ein breiter Todesstrom daher,
Und Alles, was da lebte, wich an's Ufer: 650
Nur er, der kühne Schwimmer, wankte nicht,
Und, stets den Freunden winkend, rudert' er
Getrost den Höh'n zu, wo die Quelle sprang.
DER PRINZ VON HOMBURG
Beim Himmel, ja! Ein Grausen war's, zu sehn.
GRAF SPARREN

Stallmeister Froben, der, beim Troß der Suite*, 655
Zunächst ihm folgt, ruft dieses Wort mir zu:
»Verwünscht sei heut mir dieses Schimmels Glanz,
Mit schwerem Gold in London jüngst erkauft!
Wollt' ich doch funfzig Stück Dukaten* geben,
Könnt' ich ihn mit dem Grau der Mäuse decken.« 660
Er naht, voll heißer Sorge, ihm und spricht:
»Hoheit, Dein Pferd ist scheu, Du mußt verstatten*,
Daß ich's noch einmal in die Schule nehme!«
Mit diesem Wort entsitzt er* seinem Fuchs,
Und fällt dem Tier des Herren in den Zaum. 665
Der Herr steigt ab, still lächelnd, und versetzt:
»Die Kunst, die Du ihn, Alter, lehren willst,
Wird er, so lang' es Tag ist, schwerlich lernen.
Nimm, bitt' ich, fern ihn, hinter jenen Hügeln,
Wo seines Fehls der Feind nicht achtet, vor!« 670

Gefolge

Goldmün-
zen

gestatten

sitzt er ab
von

Dem Fuchs drauf sitzt er auf, den Froben reitet,
Und kehrt zurück, wohin sein Amt ihn ruft.
Doch Froben hat den Schimmel kaum bestiegen,
So reißt, entsendet aus der Feldredoute,
675 Ihn schon ein Mordblei, Roß und Reiter, nieder:
In Staub sinkt er, ein Opfer seiner Treue,
Und keinen Laut vernahm man mehr von ihm.
Kurze Pause.
DER PRINZ VON HOMBURG
Er ist bezahlt! – Wenn ich zehn Leben hätte,
Könnt' ich sie besser brauchen nicht, als so!
680 NATALIE Der wackre Froben!
KURFÜRSTIN   Der Vortreffliche!
NATALIE Ein Schlechtrer wäre noch der Tränen wert!
Sie weinen.
DER PRINZ VON HOMBURG
Genug! Zur Sache jetzt. Wo ist der Kurfürst?
Nahm er in Hackelwitz sein Hauptquartier?
GRAF SPARREN Vergib! Der Herr ist nach Berlin gegangen,
685 Und die gesamte Generalität
Ist aufgefordert, ihm dahin zu folgen.
DER PRINZ VON HOMBURG
Wie? Nach Berlin! – Ist denn der Feldzug aus?
GRAF SPARREN Fürwahr, ich staune, daß Dir Alles fremd! –
Graf Horn, der schwed'sche General, traf ein;
690 Es ist im Lager, gleich nach seiner Ankunft,
Ein Waffenstillstand ausgerufen worden.
Wenn ich den Marschall Dörfling recht verstanden,
Ward eine Unterhandlung angeknüpft:
Leicht*, daß der Frieden selbst erfolgen kann.   Vielleicht
695 KURFÜRSTIN O Gott, wie herrlich klärt sich Alles auf!
Sie steht auf.
DER PRINZ VON HOMBURG
Kommt, laßt sogleich uns nach Berlin ihm folgen!
– Räumst Du, zu rascherer Befördrung, wohl

Mir einen Platz in Deinem Wagen ein?
– Zwei Zeilen nur an Kottwitz schreib ich noch,
Und steige augenblicklich mit Dir ein. 700

Er setzt sich nieder und schreibt.

KURFÜRSTIN Von ganzem Herzen gern!

DER PRINZ VON HOMBURG *legt den Brief zusammen und
übergibt ihn dem Wachtmeister; indem er sich wieder zur
Kurfürstin wendet, und den Arm sanft um Nataliens Leib*
_{ohnehin} *legt:* Ich habe so*
Dir einen Wunsch noch schüchtern zu vertraun,
_{entledigen} Dess' ich mich auf der Reis' entlasten* will.

NATALIE *macht sich von ihm los:*
Bork! Rasch! Mein Halstuch, bitt' ich!

KURFÜRSTIN Du? Einen Wunsch mir?

ERSTE HOFDAME
Ihr tragt das Tuch, Prinzessin, um den Hals! 705

DER PRINZ VON HOMBURG *zur Kurfürstin:*
Was? Rätst Du nichts?

KURFÜRSTIN Nein, nichts!

DER PRINZ VON HOMBURG Was? Keine Sylbe? –

KURFÜRSTIN *abbrechend:*
Gleichviel! – Heut keinem Flehenden auf Erden
Antwort' ich: Nein! was es auch immer sei;
Und Dir, Du Sieger in der Schlacht, zuletzt!
– Hinweg! 710

DER PRINZ VON HOMBURG
O Mutter! Welch ein Wort sprachst Du?
Darf ichs mir deuten, wie es mir gefällt?

KURFÜRSTIN Hinweg, sag' ich! Im Wagen mehr davon!
Kommt, gebt mir euren Arm!

DER PRINZ VON HOMBURG ⌈O Cäsar Divus!
Die Leiter setz' ich an, an deinen Stern!⌉

Er führt die Damen ab; Alle folgen.

Szene: Berlin. Lustgarten vor dem alten Schloß. Im Hinter-
grunde die Schloßkirche mit einer Treppe. Glockenklang;
die Kirche ist stark erleuchtet; man sieht die Leiche Fro-
bens vorübertragen und auf einen prächtigen Katafalk* Gerüst für
niedersetzen. die Aufbah-
rung

Neunter Auftritt

Der Kurfürst, Feldmarschall Dörfling, Obrist Hennings,
Graf Truchß, und mehrere andere Obersten und Offiziere
treten auf. Ihm gegenüber zeigen sich einige Offiziere mit
Depeschen*. – In der Kirche sowohl als auf dem Platz Volk Eilbriefe
jedes Alters und Geschlechts.

715 DER KURFÜRST Wer immer auch die Reiterei geführt
Am Tag der Schlacht, und, eh der Obrist Hennings
Des Feindes Brücken hat zerstören können,
Damit ist aufgebrochen, eigenmächtig,
Zur Flucht, bevor ich Ordre gab, ihn zwingend,
720 Der ist des Todes schuldig, das erklär' ich,
Und vor ein Kriegsgericht bestell' ich ihn.
– Der Prinz von Homburg hat sie nicht geführt?
GRAF TRUCHSESS
Nein, mein erlauchter Herr!
DER KURFÜRST   Wer sagt mir das?
GRAF TRUCHSESS Das können Reiter Dir bekräftigen,
725 Die mir's versichert, vor Beginn der Schlacht.
Der Prinz hat mit dem Pferd sich überschlagen,
Man hat verwundet schwer, an Haupt und Schenkeln,
In einer Kirche ihn verbinden sehn.
DER KURFÜRST
Gleichviel. Der Sieg ist glänzend dieses Tages,
730 Und vor dem Altar morgen dank' ich Gott;
Doch wär er zehnmal größer, das entschuldigt
Den nicht, durch den der Zufall mir ihn schenkt:

Mehr Schlachten noch, als die, hab' ich zu kämpfen,
Und will, daß dem Gesetz Gehorsam sei.
Wer's immer war, der sie zur Schlacht geführt, 735
Ich wiederhol's, hat seinen Kopf verwirkt,

Kriegsge-
richt
Und vor ein Kriegsrecht* hiemit lad' ich ihn.
– Folgt, meine Freunde in die Kirche mir!

Zehnter Auftritt

*Der Prinz von Homburg, drei schwed'sche Fahnen in der
Hand, Obrist Kottwitz mit deren zwei, Graf Hohenzol-
lern, Rittmeister Golz, Graf Reuß, jeder mit einer Fahne,
mehrere andre Offiziere, Korporale und Reuter mit Fah-
nen, Pauken und Standarten treten auf.*
FELDMARSCHALL DÖRFLING *so wie er den Prinzen erblickt:*
Der Prinz von Homburg! – Truchß! Was machtet ihr?
DER KURFÜRST *stutzt:*
Wo kommt ihr her, Prinz? 740
DER PRINZ VON HOMBURG *einige Schritte vorschreitend:*
Von Fehrbellin, mein Kurfürst,
Und bringe diese Siegstrophäen Dir.
*Er legt die drei Fahnen vor ihm nieder; die Offiziere,
Korporale und Reiter folgen, jeder mit der ihrigen.*
DER KURFÜRST *betroffen:*
Du bist verwundet, hör' ich, und gefährlich?
– Graf Truchß!
DER PRINZ VON HOMBURG *heiter:*
Vergib!
GRAF TRUCHSS Beim Himmel, ich erstaune!
DER PRINZ VON HOMBURG
Mein Goldfuchs fiel vor Anbeginn der Schlacht;
Die Hand hier, die ein Feldarzt mir verband, 745

nennst
Verdient nicht, daß Du sie verwundet taufst*.
DER KURFÜRST Mithin hast Du die Reiterei geführt?

DER PRINZ VON HOMBURG *sieht ihn an:*
    Ich? Allerdings! Mußt Du von mir das hören?
    – Hier legt ich den Beweis zu Füßen Dir.
750 DER KURFÜRST –Nehmt ihm den Degen ab. Er ist gefangen.
FELDMARSCHALL *erschrocken:*
    Wem?
DER KURFÜRST *tritt unter die Fahnen:*
        Kottwitz! Sei gegrüßt mir!
GRAF TRUCHSS *für sich:*   O verflucht!
OBRIST KOTTWITZ
    Bei Gott, ich bin aufs Äußerste –!
DER KURFÜRST *sieht ihn an:*   Was sagst Du? –
    Schau, welche Saat für unsern Ruhm gemäht!
    – Die Fahn' ist von der schwedschen ⌐Leibwacht¬! Nicht?
Er nimmt eine Fahne auf, entwickelt* und betrachtet sie.   entrollt
OBRIST KOTTWITZ
755 Mein Kurfürst?
FELDMARSCHALL Mein Gebieter?
DER KURFÜRST   Allerdings!
    Und zwar aus ⌐König Gustav Adolphs¬ Zeiten!
    – Wie heißt die Inschrift?
OBRIST KOTTWITZ   Ich glaube –
FELDMARSCHALL   ⌐Per aspera ad astra.¬
DER KURFÜRST Das hat sie nicht bei Fehrbellin gehalten –
Pause.
OBRIST KOTTWITZ *schüchtern:*
    Mein Fürst, vergönn ein Wort mir –!
DER KURFÜRST   Was beliebt? –
760 Nehmt Alles, Fahnen Pauken und Standarten,
    Und hängt sie an der Kirche Pfeilern auf;
    Beim Siegsfest morgen denk' ich sie zu brauchen!
Der Kurfürst wendet sich zu den Kurieren, nimmt ihnen
die Depeschen ab, erbricht* und lies't sie.   bricht das
OBRIST KOTTWITZ *für sich:*   Siegel des
    Das, beim lebend'gen Gott, ist mir zu stark!   Briefs auf

*Der Obrist nimmt, nach einigem Zaudern, seine zwei Fah-
nen auf; die übrigen Offiziere und Reiter folgen; zuletzt,
da die drei Fahnen des Prinzen liegen bleiben, hebt Kottwitz auch diese auf, so daß er nun fünf trägt.*

EIN OFFIZIER *tritt vor den Prinzen:*
  Prinz, euren Degen, bitt' ich.
HOHENZOLLERN *mit seiner Fahne ihm zur Seite:*
                          Ruhig, Freund!
DER PRINZ VON HOMBURG
  Träum ich? Wach' ich? Leb' ich? Bin ich bei Sinnen?   765
GOLZ Prinz, gib den Degen, rat' ich, hin und schweig!
DER PRINZ VON HOMBURG
  Ich, ein Gefangener?
HOHENZOLLERN   So ist's!
GOLZ   Ihr hört's!
DER PRINZ VON HOMBURG
  Darf man die Ursach wissen?
HOHENZOLLERN *mit Nachdruck:* Jetzo nicht!
  – Du hast zu zeitig, wie wir gleich gesagt,
  Dich in die Schlacht gedrängt; die Ordre war,   770
  Nicht von dem Platz zu weichen, ungerufen!
DER PRINZ VON HOMBURG
  Helft, Freunde, helft! Ich bin verrückt.
GOLZ *unterbrechend:*   Still! Still!
DER PRINZ VON HOMBURG
  Sind denn die Märkischen geschlagen worden?
HOHENZOLLERN *stampft mit dem Fuß auf die Erde:*
  Gleichviel! – Der Satzung soll Gehorsam sein.
DER PRINZ VON HOMBURG *mit Bitterkeit:*
  So – so, so, so!   775
HOHENZOLLERN *entfernt sich von ihm:*
                  Es wird den Hals nicht kosten.
GOLZ *eben so:*
  Vielleicht bist Du schon morgen wieder los.
*Der Kurfürst legt die Briefe zusammen, und kehrt wieder
in den Kreis der Offiziere zurück.*

DER PRINZ VON HOMBURG *nachdem er sich den Degen*
abgeschnallt:
　　Mein Vetter Friedrich will den ⌐Brutus¬ spielen,
　　Und sieht, mit Kreid' auf Leinwand verzeichnet,
　　Sich schon auf dem ⌐curulschen Stuhle¬ sitzen:
780　Die schwed'schen Fahnen in dem Vordergrund,
　　Und auf dem Tisch die märkschen Kriegsartikel*.　　Kriegs-
　　Bei Gott, in mir nicht findet er den Sohn,　　　　　　gesetze
　　Der, unterm Beil des Henkers, ihn bewundre.
　　Ein deutsches Herz, von altem Schrot und Korn,
785　Bin ich gewohnt an Edelmut und Liebe,
　　Und wenn er mir in diesem Augenblick,
　　⌐Wie die Antike starr¬ entgegenkömmt,
　　Tut er mir leid, und ich muß ihn bedauern!
Er gibt den Degen an den Offizier und geht ab.
DER KURFÜRST Bringt ihn nach Fehrbellin, ins
　　　　　　　　　　　　　　　Hauptquartier,
790　Und dort bestellt das Kriegsrecht, das ihn richte.
Ab in die Kirche. Die Fahnen folgen ihm, und werden,
während er mit seinem Gefolge an dem Sarge Frobens
niederkniet und betet, an den Pfeilern derselben aufge-
hängt. Trauermusik.

Dritter Akt

Szene: Fehrbellin. Ein Gefängnis.

Erster Auftritt

Der Prinz von Homburg. – Im Hintergrunde zwei Reiter, als Wache. – Der Graf von Hohenzollern tritt auf.

DER PRINZ VON HOMBURG
 Sieh da! Freund Heinrich! Sei willkommen mir!
 – Nun, des Arrestes bin ich wieder los*?

HOHENZOLLERN *erstaunt:*
 Gott sei Lob, in der Höh'!

DER PRINZ VON HOMBURG Was sagst Du?

HOHENZOLLERN   Los?
 Hat er den Degen Dir zurückgeschickt?

DER PRINZ VON HOMBURG
 Mir? Nein.   795

HOHENZOLLERN
               Nicht?

DER PRINZ VON HOMBURG
               Nein!

HOHENZOLLERN   – Woher denn also los?

DER PRINZ VON HOMBURG *nach einer Pause:*
 Ich glaubte, Du, Du bringst es mir. – Gleichviel!

HOHENZOLLERN
 – Ich weiß von nichts.

DER PRINZ VON HOMBURG Gleichviel! Du hörst:
                                           gleichviel!
 So schickt er einen Andern, der mir's melde.
Er wendet sich und holt Stühle.
 Setz' Dich! – Nun, sag' mir an, was gibt es Neues?
 – Der Kurfürst kehrte von Berlin zurück?   800

(Marginalie:) aus dem Arrest bin ich wieder entlassen

HOHENZOLLERN *zerstreut:*
  Ja. Gestern Abend.
DER PRINZ VON HOMBURG Ward, beschloßner Maßen,
  Das Siegsfest dort gefeiert? – – Allerdings!
  – Der Kurfürst war zugegen in der Kirche?
HOHENZOLLERN Er, und die Fürstin und Natalie. –
805 Die Kirche war, auf würd'ge Art, erleuchtet;
  Battrien* ließen sich, vom Schloßplatz her,
  Mit ernster Pracht bei dem ⌈Tedeum⌉ hören.
  Die schwed'schen Fahnen wehten und Standarten,
  Trophäenartig, von den Pfeilern nieder,
810 Und auf des Herrn ausdrücklichen Befehl,
  Ward Deines, als des Siegers Namen –
  Erwähnung von der Kanzel her getan.
DER PRINZ VON HOMBURG
  Das hört' ich! – – Nun, was gibt es sonst; was bringst
                                             Du?
  – Dein Antlitz*, dünkt mich, sieht nicht heiter, Freund!
HOHENZOLLERN
815 – Sprachst Du schon wen?
DER PRINZ VON HOMBURG Golz, eben, auf dem Schlosse,
  Wo ich, du weißt es, im Verhöre war.
Pause.
HOHENZOLLERN *sieht ihn bedenklich an:*
  Was denkst Du, Arthur, denn von Deiner Lage,
  Seit sie so seltsam sich verändert hat?
DER PRINZ VON HOMBURG
  Ich? Nun, was Du und Golz – die Richter selbst!
820 Der Kurfürst hat getan, was Pflicht erheischte*,
  Und nun wird er dem Herzen auch gehorchen.
  Gefehlt hast Du*, so wird er ernst mir sagen,
  Vielleicht ein Wort von Tod und Festung sprechen;
  Ich aber schenke Dir die Freiheit wieder –
825 Und um das Schwert, das ihm den Sieg errang,
  Schlingt sich vielleicht ein Schmuck der Gnade noch;
  – Wenn der nicht, gut; denn den verdient' ich nicht!

Einheiten
der Artillerie
mit mehre-
ren Ge-
schützen

Gesicht

verlangte

Deine Pflicht
verfehlt

HOHENZOLLERN O Arthur!
Er hält inne.
DER PRINZ VON HOMBURG Nun?
HOHENZOLLERN   – Dess' bist Du so gewiß?
DER PRINZ VON HOMBURG
   Ich denk's mir so! Ich bin ihm wert, das weiß ich,
   Wert wie ein Sohn; das hat seit früher Kindheit   830
   Sein Herz, in tausend Proben mir bewiesen.
   Was für ein Zweifel ist's, der Dich bewegt?
   Schien er an Wachstum meines jungen Ruhms
   Nicht mehr fast, als ich selbst, sich zu erfreuen?
   Bin ich nicht Alles, was ich bin, durch ihn?   835
   Und er, er sollte lieblos jetzt die Pflanze,
   Die er selbst zog, bloß weil sie sich ein wenig
   Zu rasch und üppig in die Blume warf,
   Mißgünstig in den Staub daniedertreten?
   Das glaubt' ich seinem schlimmsten Feinde nicht,   840
   Vielweniger Dir, der Du ihn kennst und liebst.

bedeutungs-
voll HOHENZOLLERN *bedeutend**:
   Du standst dem Kriegsrecht, Arthur, im Verhör;
   Und bist des Glaubens noch?
DER PRINZ VON HOMBURG   Weil ich ihm stand! –
   Bei dem lebend'gen Gott, so weit geht keiner,
   Der nicht gesonnen wäre zu begnad'gen!   845
   Dort eben, vor der Schranke des Gerichts,
   Dort war's, wo mein Vertraun sich wiederfand.
   War's denn ein todeswürdiges Verbrechen,
   Zwei Augenblicke früher, als befohlen
   Die schwed'sche Macht in Staub gelegt zu haben?   850
   Und welch' ein Frevel sonst drückt meine Brust?
   Wie könnt' er doch vor diesen Tisch mich laden,
   Von Richtern, herzlos, die ⌜den Eulen gleich⌝,
   Stets von der Kugel mir das Grablied singen:
   Dächt' er, mit einem heitern Herrscherspruch,   855
   Nicht, ⌜als ein Gott⌝, in ihren Kreis zu treten?

Nein, Freund, er sammelt diese Nacht von Wolken
Nur um mein Haupt, um wie die Sonne mir,
Durch ihren Dunstkreis, strahlend aufzugehn!
860 Und diese Lust, fürwahr, kann ich ihm gönnen!
HOHENZOLLERN
Das Kriegsrecht gleichwohl, sagt man, hat gesprochen?
DER PRINZ VON HOMBURG
Ich höre, ja; auf Tod.
HOHENZOLLERN *erstaunt:* Du weißt es schon?
DER PRINZ VON HOMBURG
Golz, der dem Spruch des Kriegsrechts beigewohnt,
Hat mir gemeldet, wie er ausgefallen.
HOHENZOLLERN
865 Nun denn, bei Gott! – Der Umstand rührt Dich nicht?
DER PRINZ VON HOMBURG
Mich? Nicht im Mindesten.
HOHENZOLLERN   Du Rasender!
Und worauf stützt sich deine Sicherheit!
DER PRINZ VON HOMBURG
Auf mein Gefühl von ihm!
Er steht auf.
                            Ich bitte, laß mich!
Was soll ich mich mit falschen Zweifeln quälen?
Er besinnt sich und läßt sich wieder nieder. – Pause.
870 Das Kriegsrecht mußte auf den Tod erkennen;
So lautet das Gesetz nach dem es richtet.
Doch eh' er solch ein Urteil läßt vollstrecken,
Eh' er dies Herz hier, das getreu ihn liebt,
Auf eines Tuches Wink*, der Kugel preis gibt,
875 Eh'* sieh, eh' öffnet er die eigne Brust sich,
Und sprützt sein Blut selbst tropfenweis in Staub.
HOHENZOLLERN
Nun, Arthur, ich versichre Dich –
DER PRINZ VON HOMBURG *unwillig:* O Lieber!

Zeichen des
Feuerbefehls
für ein Er-
schießungs-
kommando

Eher

HOHENZOLLERN
Der Marschall –

DER PRINZ VON HOMBURG *eben so:*
                Laß mich, Freund!

HOHENZOLLERN   Zwei Worte hör' noch!
Wenn die Dir auch nichts gelten, schweig' ich still.

DER PRINZ VON HOMBURG *wendet sich wieder zu ihm:*
Du hörst, ich weiß von Allem. – Nun? Was ist's?   880

HOHENZOLLERN
Der Marschall hat, höchst seltsam ist's, so eben
Das Todsurteil im Schloss' ihm überreicht:
Und er, statt wie das Urteil frei ihm stellt,
Dich zu begnadigen, er hat befohlen,
Daß es zur Unterschrift ihm kommen soll.   885

DER PRINZ VON HOMBURG
Gleichviel. Du hörst.

HOHENZOLLERN   Gleichviel?

DER PRINZ VON HOMBURG   Zur Unterschrift?

HOHENZOLLERN
Bei meiner Ehr'! Ich kann es Dich versichern.

DER PRINZ VON HOMBURG
Das Urteil? – Nein! Die Schrift –?

HOHENZOLLERN   Das Todesurteil.

DER PRINZ VON HOMBURG
– Wer hat Dir das gesagt?

HOHENZOLLERN   Er selbst, der Marschall!

DER PRINZ VON HOMBURG
Wann?   890

HOHENZOLLERN Eben jetzt.

DER PRINZ VON HOMBURG Als er vom Herrn zurück kam?

HOHENZOLLERN Als er vom Herrn die Treppe
                   niederstieg! –
Er fügt' hinzu, da er bestürzt mich sah,
Verloren sei noch nichts, und morgen sei
Auch noch ein Tag, Dich zu begnadigen;

895 Doch seine bleiche Lippe widerlegte
Ihr eignes Wort, und sprach: ich fürchte, nein!
DER PRINZ VON HOMBURG *steht auf:*
Er könnte – nein! so ungeheuere
Entschließungen in seinem Busen wälzen?
Um eines Fehls*, der Brille kaum bemerkbar,   Wegen ei-
900 In dem Demanten*, den er jüngst empfing,   nes Fehlers
In Staub den Geber treten? Eine Tat,   Diamanten
⌐Die weiß den Dei von Algier brennt⌐, mit Flügeln,
Nach Art der ⌐Cherubime⌐, silberglänzig,
Den ⌐Sardanapel⌐ ziert, und die gesamte
905 ⌐Altrömische Tyrannenreihe⌐, schuldlos,
Wie Kinder, die am Mutterbusen sterben,
⌐Auf Gottes rechter Seit⌐ hinüberwirft?
HOHENZOLLERN *der gleichfalls aufgestanden:*
Du mußt, mein Freund, Dich davon überzeugen.
DER PRINZ VON HOMBURG
Und der Feldmarschall schwieg und sagte nichts?
HOHENZOLLERN
910 Was sollt' er sagen?
DER PRINZ VON HOMBURG
                    O Himmel! Meine Hoffnung!
HOHENZOLLERN Hast Du vielleicht je einen Schritt getan,
Sei's wissentlich, sei's unbewußt,
Der seinem stolzen Geist zu nah getreten?
DER PRINZ VON HOMBURG
Niemals!
HOHENZOLLERN Besinne Dich.
DER PRINZ VON HOMBURG   Niemals, beim Himmel!
915 Mir war der Schatten seines Hauptes heilig.
HOHENZOLLERN Arthur, sei mir nicht böse, wenn ich
                                        zweifle.
Graf Horn traf, der Gesandte Schwedens, ein,
Und sein Geschäft geht, wie man hier versichert
An die Prinzessin von Oranien.

Ein Wort, das die Kurfürstin Tante sprach,   920
Hat auf's Empfindlichste den Herrn getroffen;
Man sagt, das Fräulein habe schon gewählt.
Bist Du auf keine Weise hier im Spiele?

DER PRINZ VON HOMBURG
  O Gott! Was sagst Du mir?

HOHENZOLLERN   Bist Du's? Bist Du's?

DER PRINZ VON HOMBURG
  Ich bin's, mein Freund; jetzt ist mir Alles klar;   925
  Es stürzt der Antrag ins Verderben mich:
  An ihrer Weigrung, wisse, bin ich Schuld,
  Weil mir sich die Prinzessin anverlobt!

HOHENZOLLERN Du unbesonn'ner Tor! Was machtest Du?
  Wie oft hat Dich mein treuer Mund gewarnt?   930

DER PRINZ VON HOMBURG
  O Freund! Hilf, rette mich! Ich bin verloren.

HOHENZOLLERN
  Ja, welch' ein Ausweg führt aus dieser Not? –
  Willst Du vielleicht die Fürstin Tante sprechen?

DER PRINZ VON HOMBURG *wendet sich:*
  – He, Wache!

REITER *im Hintergrund:* Hier!

DER PRINZ VON HOMBURG   Ruft euren Offizier! –
*Er nimmt eilig einen Mantel um von der Wand und setzt
einen Federhut auf, der auf dem Tisch liegt.*

HOHENZOLLERN *indem er ihm behülflich ist:*
  Der Schritt kann, klug gewandt, Dir Rettung bringen.   935
  – Denn kann der Kurfürst nur mit ⌈König Karl⌉,
  Um den bewußten Preis, den Frieden schließen,
  So sollst Du sehn, sein Herz versöhnt sich Dir,
  Und gleich, in wenig Stunden, bist Du frei.

Zweiter Auftritt

Der Offizier tritt auf. – Die Vorigen.
DER PRINZ VON HOMBURG *zu dem Offizier:*
940   Stranz, übergeben bin ich Deiner Wache!
    Erlaub', in einem dringenden Geschäft,
    Daß ich auf eine Stunde mich entferne.
DER OFFIZIER Mein Prinz, mir übergeben bist Du nicht.
    Die Ordre, die man mir erteilt hat, lautet,
945   Dich gehn zu lassen frei, wohin Du willst.
DER PRINZ VON HOMBURG
    Seltsam! – So bin ich kein Gefangener?
DER OFFIZIER Vergib! – Dein Wort ist eine Fessel auch.
HOHENZOLLERN *bricht auf:*
    Auch gut! Gleichviel!
DER PRINZ VON HOMBURG Wohlan! So leb' denn wohl!
HOHENZOLLERN
    Die Fessel folgt dem Prinzen auf dem Fuße!
DER PRINZ VON HOMBURG
950   Ich geh auf's Schloß, zu meiner Tante nur,
    Und bin in zwei Minuten wieder hier.
Alle ab.

Szene: Zimmer der Kurfürstin.

Dritter Auftritt

Die Kurfürstin und Natalie treten auf.
KURFÜRSTIN
    Komm, meine Tochter; komm! Dir schlägt die Stunde!
    Graf Gustav Horn, der schwed'sche Gesandte,
    Und die Gesellschaft hat das Schloß verlassen;
955   Im Kabinett* des Onkels seh' ich Licht:

Rückzugs-
raum, Raum
für vertrau-
liche Be-
ratungen

Komm, leg' das Tuch Dir um, und schleich Dich zu ihm,
Und sieh, ob Du den Freund Dir retten kannst.
Sie wollen gehen.

Vierter Auftritt

Eine Hofdame tritt auf. – Die Vorigen.
DIE HOFDAME
  Prinz Homburg, gnäd'ge Frau, ist vor der Türe!
  – Kaum weiß ich wahrlich, ob ich recht gesehn?
KURFÜRSTIN *betroffen:*
  O Gott!   960
NATALIE Er selbst?
KURFÜRSTIN   Hat er denn nicht Arrest?
DIE HOFDAME Er steht in Federhut und Mantel draußen,
  Und fleht bestürzt und dringend um Gehör.
KURFÜRSTIN *unwillig:*
  Der Unbesonnene! Sein Wort zu brechen!
NATALIE Wer weiß, was ihn bedrängt.
KURFÜRSTIN *nach einigem Bedenken:* – Laßt ihn herein!
Sie setzt sich auf einen Stuhl.

Fünfter Auftritt

Der Prinz von Homburg tritt auf. – Die Vorigen.
DER PRINZ VON HOMBURG
  O meine Mutter!   965
Er läßt sich auf Knien vor ihr nieder.
KURFÜRSTIN   Prinz! Was wollt ihr hier?
DER PRINZ VON HOMBURG
  O laß mich Deine Knie umfassen, Mutter!
KURFÜRSTIN *mit unterdrückter Rührung:*
  Gefangen seid ihr, Prinz, und kommt hierher!

Was häuft ihr neue Schuld zu eurer alten?

DER PRINZ VON HOMBURG *dringend:*
Weißt Du, was mir geschehn?

KURFÜRSTIN   Ich weiß um Alles!
970   Was aber kann ich, Ärmste, für euch tun?

DER PRINZ VON HOMBURG
O meine Mutter, also sprächst Du nicht,
Wenn Dich der Tod umschauerte, wie mich!
Du scheinst mit Himmelskräften, rettenden,
Du mir, das Fräulein, deine Frau'n, begabt,
975   Mir Alles rings umher; dem Troßknecht könnt' ich,
Dem schlechtesten, der Deiner Pferde pflegt,
Gehängt am Halse flehen: rette mich!
Nur ich allein, auf Gottes weiter Erde,
Bin hülflos, ein Verlaßner, und kann nichts!

980 KURFÜRSTIN Du bist ganz außer Dir! Was ist geschehn?

DER PRINZ VON HOMBURG
Ach! Auf dem Wege der mich zu Dir führte,
Sah ich das Grab, beim Schein der Fackeln, öffnen,
Das morgen mein Gebein empfangen soll.
Sieh, diese Augen, Tante, die Dich anschaun,
985   Will man mit Nacht umschatten, diesen Busen
Mit mörderischen Kugeln mir durchbohren.
⌈Bestellt⌉ sind auf dem Markte schon die Fenster,
Die auf das öde* Schauspiel niedergehn,   traurige
Und der die Zukunft, auf des Lebens Gipfel,
990   Heut, wie ein Feenreich, noch überschaut,
Liegt in zwei engen Brettern duftend* morgen,   modrig
Und ein Gestein* sagt Dir von ihm: er war!   Grabstein

*Die Prinzessin, welche bisher auf die Schultern der Hof-
dame gelehnt in der Ferne gestanden hat, läßt sich bei
diesen Worten erschüttert an einem Tisch nieder und
weint.*

KURFÜRSTIN Mein Sohn! Wenn's so des Himmels Wille ist,
Wirst Du mit Mut Dich und mit Fassung rüsten!

DER PRINZ VON HOMBURG

> O Gottes Welt, o Mutter, ist so schön!   995
> Laß mich nicht, fleh' ich, eh' die Stunde schlägt,
> Zu jenen ⌜schwarzen Schatten⌝ niedersteigen!
> Mag er doch sonst, wenn ich gefehlt, mich strafen,
> Warum die Kugel eben muß es sein?

entheben

> Mag er mich meiner Ämter doch entsetzen*,   1000

Unehrenhaf-
te Entlas-
sung aus
dem Militär-
dienst

> Mit Kassation*, wenn's das Gesetz so will,
> Mich aus dem Heer entfernen: Gott des Himmels!
> Seit ich mein Grab sah, will ich nichts, als leben,
> Und frage nichts mehr, ob es rühmlich sei!

KURFÜRSTIN

> Steh' auf, mein Sohn; steh auf! Was sprichst Du da?   1005
> Du bist zu sehr erschüttert. Fasse dich!

DER PRINZ VON HOMBURG

> Nicht, Tante eh'r, als bis Du mir gelobt,
> Mit einem Fußfall, der mein Dasein rette,
> Fleh'nd seinem höchsten Angesicht zu nahn!
> Dir übergab zu Homburg, als sie starb,   1010
> Die Hedwig mich, und sprach, die Jugendfreundin:
> Sei ihm die Mutter, wenn ich nicht mehr bin.
> Du beugtest tiefgerührt, am Bette kniend,
> Auf ihre Hand Dich und erwidertest:

geboren

> Er soll mir sein, als hätt' ich ihn erzeugt*.   1015
> Nun, jetzt erinnr' ich Dich an solch' ein Wort!
> Geh hin, als hättst du mich erzeugt, und sprich:
> Um Gnade fleh' ich, Gnade! Laß ihn frei!
> Ach, und komm mir zurück und sprich: Du bist's!

KURFÜRSTIN *weint:*

> Mein teurer Sohn! Es ist bereits geschehen!   1020
> Doch Alles, was ich flehte, war umsonst!

— DER PRINZ VON HOMBURG

> Ich gebe jeden Anspruch auf an Glück.
> Nataliens, das vergiss' nicht, ihm zu melden,
> Begehr' ich gar nicht mehr, in meinem Busen

Ist alle Zärtlichkeit für sie verlöscht.
Frei ist sie, wie das Reh auf Heiden, wieder,
Mit Hand und Mund, als wär' ich nie gewesen.
Verschenken kann sie sich, und wenn's Karl Gustav,
Der Schweden König ist, so lob' ich sie.
030   Ich will auf meine Güter gehn am Rhein,
Da will ich bauen, will ich niederreißen,
Daß mir der Schweiß herabtrieft, säen, ernten,
Als wär's für Weib und Kind, allein genießen,
Und, wenn ich erntete, von Neuem säen,
035   Und in den Kreis herum das Leben jagen,
Bis es am Abend niedersinkt und stirbt.

[handwritten margin: Niederer stand / allein bis ans Lebens- ende]

DIE KURFÜRSTIN
Wohlan! Kehr jetzt nur heim in dein Gefängnis,
Das ist die erste Fordrung meiner Gunst!

DER PRINZ VON HOMBURG *steht auf und wendet sich zur
Prinzessin:*
Du armes Mädchen, weinst! Die Sonne leuchtet
040   Heut alle Deine Hoffnungen zu Grab!
Entschieden hat Dein erst Gefühl für mich,
Und Deine Miene sagt mir, treu wie Gold,
Du wirst Dich nimmer einem Andern weihn.
Ja, was erschwing' ich*, Ärmster, das Dich tröste?
045   Geh an den Main, rat' ich, ins ⌐Stift der Jungfraun⌐,
Zu deiner Base ⌐Thurn⌐, such' in den Bergen
Dir einen Knaben, blondgelockt wie ich,
Kauf' ihn mit Gold und Silber Dir, drück ihn
An Deine Brust und lehr' ihn: Mutter! stammeln,
050   Und wenn er größer ist, so unterweis' ihn,
Wie man den Sterbenden die Augen schließt. –
Das ist das ganze Glück, das vor Dir liegt!

[handwritten margins: heute (plötzlich) / Zukunft verbaut / nie zusammen / „Witwe" / bringe ich auf / Kind das sie hätten haben können / Lebenskreislauf]

NATALIE *mutig und erhebend, indem sie aufsteht und ihre
Hand in die seinige legt:*
Geh, junger Held, in Deines Kerkers Haft,
Und, auf dem Rückweg, schau noch einmal ruhig

Das Grab Dir an, das Dir geöffnet ward!   105

Es ist nichts finsterer und um nichts breiter,

Als es Dir tausendmal die Schlacht gezeigt!

Inzwischen werd' ich in dem Tod Dir treu

Onkel Ein rettend Wort für Dich dem Oheim* wagen:

Vielleicht gelingt es mir, sein Herz zu rühren,   106

Und Dich von allem Kummer zu befrein!

Pause.

DER PRINZ VON HOMBURG *faltet, in ihrem Anschauen verloren, die Hände:*

Hättst Du zwei Flügel, Jungfrau, an den Schultern,

Für einen Engel wahrlich hielt ich Dich! –

O Gott, hört' ich auch recht? Du für mich sprechen?

– Wo ruhte denn der Köcher Dir der Rede   106

Bis heute, liebes Kind, das Du willst wagen,

Den Herrn in solcher Sache anzugehn?

– O Hoffnungslicht, das plötzlich mich erquickt!

NATALIE Gott wird die ⌈Pfeile⌉ mir, die treffen, reichen! –

Doch wenn der Kurfürst des Gesetzes Spruch   107

Nicht ändern kann, nicht kann: wohlan! so wirst Du

Dich tapfer ihm, der Tapfre, unterwerfen:

Und der im Leben tausendmal gesiegt,

Er wird auch noch im Tod zu siegen wissen!

DIE KURFÜRSTIN

Hinweg! – Die Zeit verstreicht, die günstig ist!   107

DER PRINZ VON HOMBURG

Nun, alle Heil'gen mögen Dich beschirmen!

Leb' wohl! Leb' wohl! Und was Du auch erringst,

vom Aus- Vergönne mir ein Zeichen vom Erfolg*!

gang des

Gesprächs *Alle ab.*

Vierter Akt

Szene: Zimmer des Kurfürsten.

Erster Auftritt

*Der Kurfürst steht mit Papieren an einem mit Lichtern
besetzten Tisch. – Natalie tritt durch die mittlere Tür auf
und läßt sich in einiger Entfernung vor ihm nieder.
Pause.*

NATALIE *kniend:*
    Mein edler Oheim, Friedrich von der Mark!
DER KURFÜRST *legt die Papiere weg:*
080   Natalie!
Er will sie erheben.
NATALIE Laß, Laß!
DER KURFÜRST   Was willst Du, Liebe?
NATALIE Zu Deiner Füße Staub, wie's mir gebührt,
    Für Vetter Homburg Dich um Gnade flehn!
    Ich will ihn nicht für mich erhalten wissen –
    Mein Herz begehrt sein und gesteht es Dir;
085   Ich will ihn nicht für mich erhalten wissen –
    Mag er sich welchem Weib' er will vermählen;
    Ich will nur, daß er da sei, lieber Oheim,
    Für sich, selbständig, frei und unabhängig,
    Wie eine Blume, die mir wohlgefällt.
090   Dies fleh' ich Dich*, mein höchster Herr und Freund,
    Und weiß, solch Flehen wirst Du mir erhören.
DER KURFÜRST *erhebt sie:*
    Mein Töchterchen! Was für ein Wort entfiel Dir?*
    – Weißt Du, was Vetter Homburg jüngst verbrach?
NATALIE O lieber Oheim!
DER KURFÜRST   Nun? Verbrach er nichts?
095 NATALIE ⌈O dieser Fehltritt, blond⌉ mit blauen Augen,
    Den, eh' er noch gestammelt hat: ich bitte!

> Darum flehe
> ich dich an

> Hier: Was
> redest du
> bloß?

Verzeihung schon vom Boden heben sollte:
Den wirst Du nicht mit Füßen von Dir weisen!

der Mutter zuliebe
Den drückst Du um die Mutter* schon an's Herz,
Die ihn gebar, und rufst: komm, weine nicht;   110

Du bist so wert mir, wie die Treue selbst!

der Schlacht
Wär's Eifer nicht, im Augenblick des Treffens*,
Für Deines Namens Ruhm, der ihn verführt,
Die Schranke des Gesetzes zu durchbrechen:
Und, ach! die Schranke jugendlich durchbrochen   110
Trat er dem ⌈Lindwurm⌉ männlich nicht aufs Haupt?
Erst, weil er siegt', ihn kränzen, dann enthaupten,
Das fordert die Geschichte nicht von Dir;
Das wäre so ⌈erhaben⌉, lieber Ohm,
Daß man es fast unmenschlich nennen könnte: 111
Und Gott schuf noch nichts milderes, als Dich.

DER KURFÜRST

Mein süßes Kind! Sieh! Wär' ich ein Tyrann,
Dein Wort, das fühl ich lebhaft, hätte mir

aus Erz
Das Herz schon in der ehrnen* Brust geschmelzt.
Dich aber frag' ich selbst: darf ich den Spruch,   111
Den das Gericht gefällt, wohl unterdrücken? –
Was würde doch davon die Folge sein?

NATALIE

Für wen? Für Dich?

DER KURFÜRST   Für mich; nein! – Was? Für mich!
Kennst Du nichts höh'res, Jungfrau, als nur mich!
Ist Dir ein Heiligtum ganz unbekannt,   112
Das, in dem Lager, Vaterland sich nennt?

NATALIE O Herr! Was sorgst Du doch? Dies Vaterland!

Zu ergänzen: willen
Das wird, um dieser Regung Deiner Gnade*,
Nicht gleich, zerschellt in Trümmern, untergehn.

Feldlager
Vielmehr, was Du, im Lager* auferzogen,   112
Unordnung nennst, die Tat, den Spruch der Richter,
In diesem Fall, willkürlich zu zerreißen,

Erscheint mir als die schönste Ordnung erst:
Das Kriegsgesetz, das weiß ich wohl, soll herrschen,
130 Jedoch die lieblichen Gefühle auch.
Das Vaterland, das Du uns gründetest,
Steht, ⌈eine feste Burg⌉, mein edler Ohm*:

Oheim, Onkel

Das wird ganz andre Stürme noch ertragen,
Fürwahr als diesen unberufnen* Sieg;

ungeplanten

135 Das wird sich ausbaun herrlich, in der Zukunft,
Erweitern unter Enkels Hand, verschönern,
Mit Zinnen, üppig, feenhaft, zur Wonne
Der Freunde und zum Schrecken aller Feinde:
Das braucht nicht dieser Bindung, kalt und öd',
140 Aus eines Freundes Blut, um ⌈Oheims Herbst⌉,
Den friedlich prächtigen, zu überleben.

DER KURFÜRST
Denkt Vetter Homburg auch so?

NATALIE   Vetter Homburg?

gilt es gleich viel, ist es gleich viel wert

DER KURFÜRST Meint er, dem Vaterlande gelt' es gleich*,
Ob Willkür drin, ob drin die Satzung* herrsche?

Gesetz

145 NATALIE Ach, dieser Jüngling!
DER KURFÜRST   Nun?
NATALIE   Ach, lieber Oheim! –
Hierauf zur Antwort hab' ich nichts, als Tränen.

DER KURFÜRST *betroffen:*
Warum, mein Töchterchen? Was ist geschehn?

NATALIE *zaudernd:*
Der denkt jetzt nichts, als nur dies Eine: Rettung!
Den schaun die Röhren*, an der Schützen Schultern,

Gewehrläufe

150 So gräßlich an, daß überrascht und schwindelnd,
Ihm jeder Wunsch, als nur zu leben, schweigt:
Der könnte, unter Blitz und Donnerschlag,
Das ganze Reich der Mark versinken sehn,
Daß er nicht fragen würde: was geschieht?
155 – Ach, welch' ein Heldenherz hast Du geknickt!
Sie wendet sich und weint.

DER KURFÜRST *im äußersten Erstaunen:*
Nein, meine teuerste Natalie,
Unmöglich in der Tat?! – Er fleht um Gnade?
NATALIE Ach, hättest Du nimmer, nimmer ihn verdammt!
DER KURFÜRST
Nein, sag: er fleht um Gnade? – Gott im Himmel,
Was ist geschehn, mein liebes Kind? Was weinst Du? –   116
Du sprachst ihn? Tu mir Alles kund! Du sprachst ihn?
NATALIE *an seine Brust gelehnt:*
In den Gemächern eben jetzt der Tante,
Wohin, im Mantel, schau, und Federhut,
Er, unterm Schutz der Dämm'rung, kam geschlichen:
Verstört und schüchtern, heimlich, ganz unwürdig,   116
Ein unerfreulich, jammernswürd'ger Anblick.
Zu solchem Elend, glaubt' ich, sänke keiner,
Den die Geschicht als ihren Helden preis't.
Schau her, ein Weib bin ich, und schaudere
Dem Wurm zurück, der meiner Ferse naht: 117
Doch so zermalmt, so fassungslos, so ganz
Unheldenmütig träfe mich der Tod,
Löwen In eines scheußlichen Leun* Gestalt nicht an!
– Ach, was ist Menschengröße, Menschenruhm!
DER KURFÜRST *verwirrt:*
Nun denn, beim Gott des Himmels und der Erde,   117
So fasse Mut, mein Kind; so ist er frei!
edler NATALIE Wie, mein erlauchter* Herr?
DER KURFÜRST   Er ist begnadigt! –
Ich will sogleich das Nöt'g' an ihn erlassen.
NATALIE O Liebster! Ist es wirklich wahr?
DER KURFÜRST   Du hörst!
NATALIE Ihm soll vergeben sein? Er stirbt jetzt nicht?   118
DER KURFÜRST
Bei meinem Eid! Ich schwör's Dir zu! Wo werd' ich
Mich gegen solchen Kriegers Meinung setzen?
Die höchste Achtung, wie Dir wohl bekannt,

Trag' ich im Innersten für sein Gefühl;
185 Wenn er den Spruch für ungerecht kann halten
Kassier' ich die Artikel*; er ist frei! –

Er bringt ihr einen Stuhl:

Willst Du, auf einen Augenblick, Dich setzen?

Er geht an den Tisch, setzt sich und schreibt. – Pause.

NATALIE *für sich:*

Ach, Herz, was klopfst Du also an Dein Haus?

DER KURFÜRST *indem er schreibt:*

Der Prinz ist drüben noch im Schloß?

NATALIE   Vergib!
190 Er ist in seine Haft zurückgekehrt. –

DER KURFÜRST *endigt und siegelt; hierauf kehrt er mit
dem Brief wieder zur Prinzessin zurück:*

Fürwahr, mein Töchterchen, mein Nichtchen, weinte!
Und ich, dem ihre Freude anvertraut,
Mußt' ihrer holden Augen Himmel trüben!

Er legt den Arm um ihren Leib.

Willst Du den Brief ihm selber überbringen? –

NATALIE

195 In's ⌈Stadthaus!⌉ Wie?

DER KURFÜRST *drückt ihr den Brief in die Hand:*
                          Warum nicht? – He! ⌈Heiducken!⌉

Heiducken treten auf.

Den Wagen vorgefahren! Die Prinzessin
Hat ein Geschäft beim Obersten von Homburg!

Die Heiducken treten wieder ab.

So kann er, für sein Leben, gleich Dir danken.

Er umarmt sie.

Mein liebes Kind! Bist Du mir wieder gut?

NATALIE *nach einer Pause:*

200 Was Deine Huld*, o Herr, so rasch erweckt,
Ich weiß es nicht und untersuch' es nicht.
Das aber, sieh, das fühl' ich in der Brust,
Unedel meiner spotten wirst Du nicht:

Margin notes:
Hebe ich die Anklage auf

freundliche, gnädige Gesinnung

Der Brief enthalte, was es immer sei,
Ich g l a u b e Rettung – und ich danke Dir! 120

Sie küßt ihm die Hand.

DER KURFÜRST Gewiß, mein Töchterchen, gewiß! So sicher,
Als sie in Vetter Homburgs Wünschen liegt.

Ab.

Szene: Zimmer der Prinzessin.

Zweiter Auftritt

*Prinzessin Natalie tritt auf. – Zwei Hofdamen und der
Rittmeister, Graf Reuß, folgen.*

NATALIE *eilfertig:*
Was bringt ihr, Graf? – Von meinem Regiment?
Ist's von Bedeutung? Kann ich's morgen hören?

GRAF REUSS *überreicht ihr ein Schreiben:*
Ein Brief vom Obrist Kottwitz, gnäd'ge Frau! 121

NATALIE
Geschwind! Gebt! Was enthält er?

Sie eröffnet ihn.

GRAF REUSS   Eine Bittschrift,
Freimütig, wie ihr seht, doch ehrfurchtsvoll,
An die Durchlaucht des Herrn, zu unsers Führers,
Des Prinzen von Homburg, Gunsten aufgesetzt.

NATALIE *lies't:*

Bittschrift   »Supplik*, in Unterwerfung eingereicht, 121
Vom Regiment, Prinzessin von Oranien.« –

Pause.

Die Bittschrift ist von wessen Hand verfaßt?

GRAF REUSS Wie ihrer Züg' unsichre Bildung schon
Erraten läßt, vom Obrist Kottwitz selbst. –
Auch steht sein edler Name obenan. 122

NATALIE Die dreißig Unterschriften, welche folgen? –
GRAF REUSS Der Offiziere Namen, Gnädigste,
Wie sie, dem Rang nach Glied für Glied, sich folgen.
NATALIE Und mir, mir wird die Bittschrift zugefertigt*? übermittelt
25 GRAF REUSS Mein Fräulein, untertänigst euch zu fragen,
　　Ob ihr, als Chef, den ersten Platz, der offen,
　　Mit eurem Namen gleichfalls füllen wollt.
　Pause.
NATALIE Der Prinz zwar, hör' ich, soll, mein edler Vetter,
Vom Herrn aus eignem Trieb*, begnadigt werden, Antrieb
30 Und eines solchen Schritts bedarf es nicht.
GRAF REUSS *vergnügt*:
　Wie? Wirklich?
NATALIE 　　　Gleichwohl will ich unter einem Blatte,
Das, in des Herrn Entscheidung, klug gebraucht,
Als ein Gewicht kann in die Waage fallen,
Das ihm vielleicht den Ausschlag* einzuleiten Entschei-
35 Sogar willkommen ist, mich nicht verweigern – dung
Und, eurem Wunsch gemäß, mit meinem Namen,
Hiemit an eure Spitze setz' ich mich.
Sie geht und will schreiben.
GRAF REUSS Fürwahr, uns lebhaft werdet ihr verbinden!
Pause.
NATALIE *wendet sich wieder zu ihm:*
　Ich finde nur m e i n Regiment, Graf Reuß! –
40 Warum vermiß' ich ⌐Bomsdorf Cuirassiere,
Und die Dragoner Götz und Anhalt-Pleß⌐?
GRAF REUSS
　Nicht, wie vielleicht ihr sorgt*, weil ihre Herzen befürchtet
Ihm lauer schlügen, als die unsrigen! –
Es trifft ungünstig sich für die Supplik,
45 Daß Kottwitz fern in Arnstein kantoniert*, einquartiert
Gesondert von den andern Regimentern,
Die hier, bei dieser Stadt, im Lager stehn.
Dem Blatt fehlt es an Freiheit, leicht und sicher,
Die Kraft nach jeder Richtung zu entfalten.

NATALIE

Gleichwohl fällt, dünkt mich, so das Blatt nur leicht*? – 12
Seid ihr gewiß, Herr Graf, wärt ihr im Ort,
Und spräckt die Herrn, die hier versammelt sind,
Sie schlössen gleichfalls dem Gesuch sich an?

GRAF REUSS

Hier in der Stadt mein Fräulein? – Kopf für Kopf!
Die ganze Reiterei verpfändete 12
Mit ihren Namen sich; bei Gott, ich glaube,

Es ließe glücklich eine Subskription*,
Beim ganzen Heer der Märker, sich eröffnen!

NATALIE *nach einer Pause:*

Warum nicht schickt ihr Offiziere ab,
Die das Geschäft im Lager hier betreiben? 12

GRAF REUSS Vergebt! – Dem weigerte der Obrist sich!
– Er wünsche, sprach er, nichts zu tun, das man

Mit einem übeln Namen taufen* könnte.

NATALIE Der wunderliche Herr! Bald kühn, bald zaghaft! –
Zum Glück trug mir der Kurfürst, fällt mir ein, 12
Bedrängt von anderen Geschäften, auf,
An Kottwitz, dem die Stellung dort zu eng,
Zum Marsch hierher die Ordre zu erlassen! –
Ich setze gleich mich nieder es zu tun.
Sie setzt sich und schreibt.

GRAF REUSS Beim Himmel, trefflich Fräulein! Ein Ereignis, 12
Das günst'ger sich dem Blatt nicht fügen könnte!

NATALIE *während sie schreibt:*

Gebraucht's, Herr Graf von Reuß, so gut ihr könnt;
Sie schließt, und siegelt, und steht wieder auf.
Inzwischen bleibt, versteht! dies Schreiben noch,

In eurem Portefeuille*; ihr geht nicht eher
Damit nach Arnstein ab, und gebt's dem Kottwitz: 12
Bis ich bestimmtern Auftrag euch erteilt!
Sie gibt ihm das Schreiben.

EIN HEIDUCK *tritt auf:*
>Der Wagen, Fräulein, auf des Herrn Befehl,
>Steht angeschirrt im Hof und wartet eur!

NATALIE So fahrt ihn vor! Ich komme gleich herab!
*Pause, in welcher sie gedankenvoll an den Tisch tritt, und
ihre Handschuhe anzieht.*
280 >Wollt ihr zum Prinz von Homburg mich, Herr Graf,
>Den ich zu sprechen willens bin, begleiten?
>Euch steht ein Platz in meinem Wagen offen.

GRAF REUSS Mein Fräulein, diese Ehre, in der Tat!
Er bietet ihr den Arm.

NATALIE *zu den Hofdamen:*
>Folgt, meine Freundinnen! – Vielleicht daß ich
285 >Gleich, dort des Briefes wegen, mich entscheide!
Alle ab.

Szene: Gefängnis des Prinzen.

Dritter Auftritt

DER PRINZ VON HOMBURG *hängt seinen Hut an die Wand
und läßt sich nachlässig auf ein auf der Erde ausgebreitetes
Kissen nieder:*
>Das Leben nennt der ⌐Derwisch⌐ eine Reise,
>Und eine kurze. Freilich! Von zwei ⌐Spannen⌐
>Diesseits der Erde nach zwei Spannen drunter.
>Ich will auf halbem Weg mich niederlassen!
290 >Wer heut sein Haupt noch auf der Schulter trägt,
>Hängt es schon morgen zitternd auf den Leib,
>Und übermorgen liegt's bei seiner Ferse.
>Zwar, ⌐eine Sonne, sagt man, scheint dort auch⌐,
>Und über buntre Felder noch, als hier:
295 >Ich glaub's; nur Schade, daß das Auge modert,
>Das diese Herrlichkeit erblicken soll.

Vierter Auftritt

Prinzessin Natalie tritt auf, geführt von dem Rittmeister Graf Reuß. Hofdamen folgen. Ihnen voran tritt ein Läufer mit einer Fackel. – Der Prinz von Homburg.

LÄUFER Durchlaucht, Prinzessin von Oranien!

DER PRINZ VON HOMBURG *steht auf:*

Natalie!

LÄUFER   Hier ist sie selber schon.

NATALIE *verbeugt sich gegen den Grafen:*

Laßt uns, auf einen Augenblick, allein!

Graf Reuß, und der Läufer ab.

DER PRINZ VON HOMBURG

Mein teures Fräulein!   130

NATALIE   Lieber, guter Vetter!

DER PRINZ VON HOMBURG *führt sie vor:*

Nun sagt, was bringt ihr? Sprecht! Wie steht's mit mir?

NATALIE Gut. Alles gut. Wie ich vorher euch sagte.

Begnadigt seid ihr, frei; hier ist ein Brief,

Von seiner Hand, der es bekräftigt.

DER PRINZ VON HOMBURG

Es ist nicht möglich! Nein! Es ist ein Traum!   130

NATALIE Les't! Les't den Brief! So werdet ihr's erfahren.

DER PRINZ VON HOMBURG *lies't:*

»Mein Prinz von Homburg, als ich euch gefangen setzte,

Um eures Angriffs*, allzufrüh vollbracht,

Da glaubt' ich nichts, als meine Pflicht zu tun;

Auf euren eignen Beifall rechnet' ich.   131

Meint ihr, ein Unrecht sei euch widerfahren,

So bitt' ich, sagt's mir mit zwei Worten –

Und gleich den Degen schick' ich euch zurück.«

Natalie erblaßt. Pause. Der Prinz, sieht sie fragend an.

NATALIE *mit dem Ausdruck plötzlicher Freude:*

Nun denn, da steht's! Zwei Worte nur bedarf's –!

O lieber, süßer Freund!   131

Zu ergän-
zen: willen

Sie drückt seine Hand.

DER PRINZ VON HOMBURG Mein teures Fräulein!

NATALIE O sel'ge Stunde, die mir aufgegangen! –
 Hier, nehmt, hier ist die Feder; nehmt, und schreibt!

DER PRINZ VON HOMBURG
 Und hier die Unterschrift?

NATALIE   Das F; sein Zeichen! –
 O Bork! O freut euch doch! – O seine Milde
320 Ist uferlos, ich wußt' es, wie die See. –
 Schafft einen Stuhl nur her, er soll gleich schreiben.

DER PRINZ VON HOMBURG
 Er sagt, wenn ich der Meinung wäre –?

NATALIE *unterbricht ihn:*   Freilich!
 Geschwind! Setzt euch! Ich will es euch diktieren.
Sie setzt ihm einen Stuhl hin.

DER PRINZ VON HOMBURG
 – Ich will den Brief noch einmal überlesen.

NATALIE *reißt ihm den Brief aus der Hand:*
325 Wozu? – Saht ihr die Gruft nicht schon im Münster,
 Mit offnem Rachen, euch entgegengähnen? –
 Der Augenblick ist dringend. Sitzt und schreibt!

DER PRINZ VON HOMBURG *lächelnd:*
 Wahrhaftig, tut ihr doch, als würde sie*   Bezieht sich
 Mir, wie ein Panther, über'n Nacken kommen.   auf die Gruft
Er setzt sich, und nimmt eine Feder.

NATALIE *wendet sich und weint:*
330 Schreibt, wenn ihr mich nicht böse machen wollt!
Der Prinz klingelt einem Bedienten; der Bediente tritt auf.

DER PRINZ VON HOMBURG
 Papier und Feder, Wachs und Petschaft* mir!   Stempel
Der Bediente, nachdem er diese Sachen zusammenge-   zum Siegeln
sucht, geht wieder ab. Der Prinz schreibt. – Pause.

DER PRINZ VON HOMBURG *indem er den Brief, den er an-*
gefangen hat, zerreißt und unter den Tisch wirft:
 Ein dummer Anfang.

Er nimmt ein anderes Blatt.

NATALIE *hebt den Brief auf:* Wie? Was sagtet ihr? –
Mein Gott, das ist ja gut; das ist vortrefflich.

DER PRINZ VON HOMBURG *in den Bart:*
Pah! – Eines Schuftes Fassung, keines Prinzen. –
Ich denk' mir eine andre Wendung aus.   133

Pause. Er greift nach des Kurfürsten Brief, den die Prinzessin in der Hand hält.

Was sagt er eigentlich im Briefe denn?

NATALIE *ihn verweigernd:*
Nichts, gar nichts!

DER PRINZ VON HOMBURG
                Gebt!

NATALIE   Ihr las't ihn ja!

DER PRINZ VON HOMBURG *erhascht ihn:* Wenn gleich!
– Ich will nur sehn, wie ich mich fassen soll*.

Er entfaltet und überlies't ihn.

NATALIE *für sich:*
O Gott der Welt! Jetzt ist's um ihn geschehn!

DER PRINZ VON HOMBURG *betroffen:*
Sieh da! Höchst wunderbar, so wahr ich lebe!   134
– Du übersahst die Stelle wohl?

NATALIE   Nein! – Welche?

DER PRINZ VON HOMBURG
Mich selber ruft er zur Entscheidung auf!

NATALIE Nun ja!

DER PRINZ VON HOMBURG
          Recht wacker, in der Tat, recht würdig!
Recht, wie ein großes Herz sich fassen muß!

NATALIE O seine Großmut, Freund, ist ohne Grenzen!   134
– Doch nun tu auch das Deine Du, und schreib,
Wie er's begehrt; Du siehst, es ist der Vorwand,
Die äußre Form nur, deren es bedarf:
Sobald er die zwei Wort' in Händen hat,
Flugs ist der ganze Streit vorbei!   135

Vierter Akt

DER PRINZ VON HOMBURG *legt den Brief weg:* Nein, Liebe!
  Ich will die Sach' bis morgen überlegen.
NATALIE Du Unbegreiflicher! Welch eine Wendung? –
  Warum? Weshalb?
DER PRINZ VON HOMBURG *erhebt sich leidenschaftlich
vom Stuhl:*   Ich bitte, frag' mich nicht!
  Du hast des Briefes Inhalt nicht erwogen!
355 Daß er mir Unrecht tat, wie's mir bedingt wird*,
  Das kann ich ihm nicht schreiben; zwingst Du mich,
  Antwort, in dieser Stimmung, ihm zu geben,
  Bei Gott! so setz' ich hin: Du tust mir Recht!
*Er läßt sich wieder mit verschränkten Armen an den Tisch
nieder und sieht in den Brief.*
NATALIE *bleich:*
  Du, Rasender! Was für ein Wort sprachst Du?
Sie beugt sich gerührt über ihn.
DER PRINZ VON HOMBURG *drückt ihr die Hand:*
360 Laß, einen Augenblick! Mir scheint –
Er sinnt.
NATALIE   Was sagst Du!
DER PRINZ VON HOMBURG
  Gleich werd' ich wissen wie ich schreiben soll.
NATALIE *schmerzvoll:*
  Homburg!
DER PRINZ VON HOMBURG *nimmt die Feder:*
            Ich hör'! Was gibt's?
NATALIE   Mein süßer Freund!
  Die Regung lob' ich, die Dein Herz ergriff;
  Das aber schwör' ich Dir: das Regiment
365 Ist kommandiert, das, Dir Versenktem* morgen,
  Aus ⌈Karabinern⌉, über'm Grabeshügel,
  ⌈Versöhnt⌉ die Totenfeier halten soll.
  Kannst Du dem Rechtsspruch, edel wie Du bist,
  Nicht widerstreben, nicht, ihn aufzuheben,
370 Tun, wie er's hier in diesem Brief verlangt:

wie es mir
zur Bedin-
gung ge-
macht wird

Begrabe-
nem

Nun so versichr' ich Dich, er faßt sich Dir
E r h a b e n, wie die Sache steht, und läßt
Den Spruch mitleidlos morgen Dir vollstrecken!
DER PRINZ VON HOMBURG *schreibend:*
Gleichviel!
NATALIE   Gleichviel?
DER PRINZ VON HOMBURG Er handle, wie er darf;
Mir ziemt's* hier zu verfahren, wie ich soll!   137

Für mich
gehört es
sich

NATALIE *tritt erschrocken näher:*
Du Ungeheuerster, ich glaub', Du schreibst?
DER PRINZ VON HOMBURG *schließt:*
»Homburg! gegeben, Fehrbellin, am zwölften –;«
Ich bin schon fertig. – Franz!
Er kuvertiert und siegelt den Brief.
NATALIE   O Gott im Himmel!
DER PRINZ VON HOMBURG *steht auf:*
Bring' diesen Brief aufs Schloß, zu meinem Herrn!
Der Bediente ab.
Ich will ihm, der so würdig vor mir steht,   138
Nicht, ein Unwürd'ger, gegenüber stehn!
Schuld ruht, bedeutende, mir auf der Brust,
Wie ich es wohl erkenne; kann er mir
Vergeben nur, wenn ich mit ihm drum streite,
So mag ich nichts von seiner Gnade wissen,   138
NATALIE *küßt ihn:*
Nimm diesen Kuß! – Und bohrten gleich zwölf Kugeln
Dich jetzt in Staub, nicht halten könnt' ich mich,
Und jauchzt' und weint' und spräche: Du gefällst mir;
– Inzwischen, wenn Du Deinem Herzen folgst,
Ist's mir erlaubt, dem meinigen zu folgen.   139
– Graf Reuß.
Der Läufer öffnet die Tür; der Graf tritt auf.
GRAF REUSS   Hier!
NATALIE   Auf, mit eurem Brief,
Nach Arnstein hin, zum Obersten von Kottwitz!

Das Regiment bricht auf, der Herr befiehlt's;
Hier, noch vor Mitternacht, erwart' ich es!
Alle ab.

Fünfter Akt

Szene: Saal im Schloß.

Erster Auftritt

*Der Kurfürst kommt halb entkleidet aus dem ⌐Neben-
cabinet⌐; ihm folgen Graf Truchß, Graf Hohenzollern
und der Rittmeister von der Golz. – Pagen mit Lichtern.*

DER KURFÜRST Kottwitz? Mit den Dragonern der   135

                               Prinzessin?

  Hier in der Stadt?

GRAF TRUCHSS *öffnet das Fenster:*

               Ja, mein erlauchter Herr!

  Hier steht er vor dem Schlosse aufmarschiert.

DER KURFÜRST

  Nun? – Wollt ihr mir, ihr Herrn, dies Rätsel lösen?

  – Wer rief ihn her?

HOHENZOLLERN   Das weiß ich nicht, mein Kurfürst.

DER KURFÜRST

  Der Standort, den ich ihm bestimmt, heißt Arnstein! –   140

  Geschwind! Geh Einer hin, und bring' ihn her!

GOLZ Er wird sogleich, o Herr, vor Dir erscheinen!

DER KURFÜRST Wo ist er?

GOLZ   Auf dem Rathaus, wie ich höre,

  Wo die gesamte Generalität,

  Die Deinem Hause dient, versammelt ist.   140

DER KURFÜRST

  Weshalb? Zu welchem Zweck?

HOHENZOLLERN   – Das weiß ich nicht.

GRAF TRUCHSS

  Erlaubt mein Fürst und Herr, daß wir uns gleichfalls,

  Auf einen Augenblick, dorthin verfügen?

DER KURFÜRST
    Wohin? Auf's Rathaus?
HOHENZOLLERN   In der Herrn Versammlung!
410 Wir gaben unser Wort, uns einzufinden.
DER KURFÜRST *nach einer kurzen Pause:*
    – Ihr seid entlassen!
GOLZ   Kommt, ihr werten Herrn!
Die Offiziere ab.

Zweiter Auftritt

Der Kurfürst. – Späterhin zwei Bediente.
DER KURFÜRST Seltsam! – Wenn ich der ⸢Dei von Tunis⸣ wäre,
    Schlüg' ich, bei so zweideut'gem Vorfall, Lärm;
    ⸢Die seidne Schnur,⸣ legt' ich auf meinen Tisch,
415 Und vor das Tor, verrammt mit ⸢Palisaden⸣,
    Führt ich Kanonen und ⸢Haubitzen⸣ auf.
    Doch weil's Hans Kottwitz aus der Priegnitz ist,
    Der sich mir naht, willkürlich, eigenmächtig,
    So will ich mich auf märksche Weise fassen:
420 Von den drei Locken, die man, silberglänzig,
    Auf seinem Schädel sieht, fass' ich die Eine,
    Und führ' ihn still, mit seinen zwölf ⸢Schwadronen⸣,
    Nach Arnstein, in sein Hauptquartier, zurück.
    Wozu die Stadt aus ihrem Schlafe wecken?
Nachdem er wieder einen Augenblick an's Fenster getreten,
geht er an den Tisch und klingelt; zwei Bediente treten auf.
DER KURFÜRST
425 Spring' doch herab und frag', als wär's für dich,
    Was es im Stadthaus gibt.
ERSTER BEDIENTER   Gleich, mein Gebieter!
DER KURFÜRST *zu dem Anderen:*
    Du aber geh, und bring' die Kleider mir!
Der Bediente geht und bringt sie; der Kurfürst kleidet sich
an; und legt seinen fürstlichen Schmuck an.

Dritter Auftritt

Feldmarschall Dörfling tritt auf. – Die Vorigen.

FELDMARSCHALL Rebellion, mein Kurfürst!

DER KURFÜRST *noch im Ankleiden beschäftigt:* Ruhig,
ruhig! –
Es ist verhaßt mir, wie Dir wohl bekannt,
In mein Gemach zu treten, ungemeldet!   1430
– Was willst Du?

FELDMARSCHALL Herr, ein Vorfall – Du vergibst!
Führt von besonderem Gewicht mich her.

ohne Befehl Der Obrist Kottwitz rückte, unbeordert*,
Hier in die Stadt; an hundert Offiziere
Sind auf dem Rittersaal um ihn versammelt;   1435
Es geht ein Blatt in ihrem Kreis herum,
Bestimmt in Deine Rechte einzugreifen.

DER KURFÜRST Es ist mir schon bekannt! – Was wird es sein,
Als eine Regung zu des Prinzen Gunsten,
Dem das Gesetz die Kugel zuerkannte.   1440

FELDMARSCHALL
So ist's! Beim höchsten Gott! Du hast's getroffen!

DER KURFÜRST Nun gut! – So ist mein Herz in ihrer Mitte.

FELDMARSCHALL Man sagt, sie wollten heut, die Rasenden!
Die Bittschrift noch im Schloß Dir überreichen,
Und falls, mit unversöhnten Grimm, Du auf   1445
Den Spruch beharrst – kaum wag' ich's Dir zu melden? –
Aus seiner Haft ihn mit Gewalt befreien!

DER KURFÜRST *finster:*
Wer hat Dir das gesagt?

FELDMARSCHALL   Wer mir das sagte?
Die Dame Retzow, der Du trauen kannst,

Oheims,
Onkels
Amtshaupt-
mann, Land-
rat

Die Base meiner Frau! Sie war heut Abend,   1450
In ihres Ohms*, des Drost* von Retzow, Haus,
Wo Offiziere, die vom Lager kamen,
Laut diesen dreisten Anschlag äußerten.

DER KURFÜRST Das muß ein Mann mir sagen, eh' ich's
glaube.

455 Mit meinem Stiefel, vor sein Haus gesetzt,
Schütz' ich vor diesen jungen Helden ihn!
FELDMARSCHALL Herr, ich beschwöre Dich, wenn's
überall*   *überhaupt*
Dein Wille ist, den Prinzen zu begnadigen:
Tu's eh ein höchstverhaßter Schritt geschehn!
460 Jedwedes Heer liebt, weißt Du, seinen Helden;
Laß diesen Funken nicht, der es durchglüht,
Ein heillos fressend Feuer um sich greifen.
Kottwitz weiß und die Schar, die er versammelt,
Noch nicht, daß Dich mein treues Wort gewarnt;
465 Schick', eh er noch erscheint, das Schwert dem Prinzen,
Schick's ihm, wie er's zuletzt verdient, zurück:
Du gibst der Zeitung eine Großtat mehr,
Und eine Untat weniger zu melden.
DER KURFÜRST Da müßt' ich noch den Prinzen erst
befragen,
470 Den Willkür nicht, wie Dir bekannt sein wird,
Gefangen nahm und nicht befreien kann. –
Ich will die Herren, wenn sie kommen, sprechen.
FELDMARSCHALL *für sich:*
Verwünscht! – Er ist jedweden Pfeil gepanzert.

Vierter Auftritt

Zwei Heiducken treten auf; der Eine hält einen Brief in der Hand. – Die Vorigen.
ERSTER HEIDUCK
Der Obrist Kottwitz, Hennings, Truchß und Andre,
475 Erbitten sich Gehör!
DER KURFÜRST *zu dem Anderen, indem er ihm den Brief aus der Hand nimmt:* Vom Prinz von Homburg?

ZWEITER HEIDUCK
Ja, mein erlauchter Herr!
DER KURFÜRST Wer gab ihn Dir?
ZWEITER HEIDUCK
Der ⌈Schweizer⌉, der am Tor die Wache hält,
Dem ihn des Prinzen Jäger eingehändigt.
DER KURFÜRST *stellt sich an den Tisch und lies't; nachdem
dies geschehen ist, wendet er sich, und ruft einem Pagen:*
Prittwitz! – Das Todesurteil bring' mir her!

Erlaubnis
zum Reisen

– Und auch den Paß*, für Gustav Graf von Horn, 148⦁
Den schwedischen Gesandten, will ich haben!
der Page ab; zu dem ersten Heiducken:
Kottwitz, und sein Gefolg' – sie sollen kommen!

Fünfter Auftritt

*Obrist Kottwitz und Obrist Hennings, Graf Truchß, Graf
Hohenzollern und Sparren, Graf Reuß, Rittmeister von
der Golz und Stranz, und andre Obristen und Offiziere
treten auf. – Die Vorigen.*
OBRIST KOTTWITZ *mit der Bittschrift:*
Vergönne, mein erhabner Kurfürst, mir,
Daß ich, im Namen des gesamten Heers,
In Demut dies Papier Dir überreiche! 148⦁
DER KURFÜRST Kottwitz, bevor ich's nehme, sag' mir an,
Wer hat Dich her nach dieser Stadt gerufen?
KOTTWITZ *sieht ihn an:*
Mit den Dragonern?
DER KURFÜRST Mit dem Regiment! –
Arnstein hatt' ich zum Sitz Dir angewiesen.
KOTTWITZ Herr! Deine Ordre hat mich her gerufen. 149⦁
DER KURFÜRST
Wie? – Zeig' die Ordre mir.
KOTTWITZ Hier, mein Gebieter.

DER KURFÜRST *lies't:*
»Natalie, gegeben Fehrbellin;
In Auftrag meines höchsten Oheims Friedrich.« –
KOTTWITZ
Bei Gott, mein Fürst und Herr, ich will nicht hoffen,
495   Daß Dir die Ordre fremd?
DER KURFÜRST   Nicht, nicht! Versteh mich –
Wer ist's, der Dir die Ordre überbracht?
KOTTWITZ
Graf Reuß!

nach einer Pause von einem Augenblick

DER KURFÜRST *nach einer augenblicklichen Pause*:*
Vielmehr, ich heiße Dich willkommen! –
Dem Obrist Homburg, dem das Recht gesprochen*,
Bist Du bestimmt, mit Deinen zwölf Schwadronen,
500   Die letzten Ehren morgen zu erweisen.

über den das Urteil verhängt ist

KOTTWITZ *erschrocken:*
Wie, mein erlauchter Herr?!
DER KURFÜRST *indem er ihm die Ordre wiedergibt:*
Das Regiment
Steht noch, in Nacht und Nebel, vor dem Schloß?
KOTTWITZ Die Nacht, vergib –
DER KURFÜRST   Warum rückt es nicht ein?
KOTTWITZ Mein Fürst, es rückte ein; es hat Quartiere,
505   Wie Du befahlst, in dieser Stadt bezogen.
DER KURFÜRST *mit einer Wendung gegen das Fenster:*
Wie? Vor zwei Augenblicken –? Nun, beim Himmel!
So hast Du Ställe rasch Dir ausgemittelt*! –
Um so viel besser denn! Gegrüßt noch einmal!
Was führt Dich her, sag' an? Was bringst Du Neues?
510   KOTTWITZ Herr, diese Bittschrift Deines treuen Heers.

ausfindig gemacht

DER KURFÜRST
Gib!
KOTTWITZ
Doch das Wort, das Deiner Lipp' entfiel,
Schlägt alle meine Hoffnungen zu Boden.

DER KURFÜRST So hebt ein Wort auch wiederum sie auf,
Er lies't:
  »Bittschrift, die allerhöchste Gnad' erflehend,
  Für unsern Führer, ⌈peinlich⌉ angeklagt,   151
  Den General, Prinz Friedrich Hessen-Homburg.«
zu den Offizieren:
  Ein edler Nam', ihr Herrn! unwürdig nicht,
  Daß ihr, in solcher Zahl, euch ihm verwendet!
Er sieht wieder in das Blatt.
  Die Bittschrift ist verfaßt von wem?
KOTTWITZ   Von mir.
DER KURFÜRST Der Prinz ist von dem Inhalt unterrichtet? 152
KOTTWITZ Nicht auf die fernste Weis'! In unsrer Mitte

entworfen   Ist sie empfangen* und vollendet worden.
DER KURFÜRST Gebt mir auf einen Augenblick Geduld.
*Er tritt an den Tisch und durchsieht die Schrift. – Lange
Pause.*
  Hm! Sonderbar! – Du nimmst, Du alter Krieger,
  Des Prinzen Tat in Schutz? Rechtfertigst ihn,   152
  Daß er auf Wrangel stürzte, unbeordert?
KOTTWITZ Ja, mein erlauchter Herr; das tut der Kottwitz!
DER KURFÜRST
  Der Meinung auf dem Schlachtfeld warst Du nicht.
KOTTWITZ Das hatt' ich schlecht erwogen, mein Gebieter!
  Dem Prinzen, der den Krieg gar wohl versteht,   153
  Hätt ich mich ruhig unterwerfen sollen.

brachten sie   Die Schweden wankten, auf dem linken Flügel,
Verstärkung   Und auf dem rechten wirkten sie Sukkurs*;
herbei   Hätt' er auf Deine Ordre warten wollen,

hätten ge-   Sie faßten* Posten wieder, in den Schluchten,   153
fasst   Und nimmermehr hätt'st Du den Sieg erkämpft.
DER KURFÜRST So! – Das beliebt Dir so vorauszusetzen!
  Den Obrist Hennings hatt' ich abgeschickt,
  Wie Dir bekannt, den schwed'schen Brückenkopf,
  Der Wrangels Rücken deckt, hinwegzunehmen.   154

Wenn ihr die Ordre nicht gebrochen hättet,
Dem Hennings wäre dieser Schlag geglückt;
Die Brücken hätt' er, in zwei Stunden Frist,
In Brand gesteckt, am Rhyn sich aufgepflanzt,
545 Und Wrangel wäre ganz, mit Stumpf und Stiel,
In Gräben und Morast, vernichtet worden.
  KOTTWITZ Es ist der Stümper Sache, nicht die Deine,
Des Schicksals höchsten Kranz erringen wollen;
Du nahmst, bis heut, noch stets, was es Dir bot.
550 Der Drache ward, der Dir die Marken trotzig
Verwüstete, mit blut'gem Hirn verjagt:
Was konnte mehr, an einem Tag, geschehn?
Was liegt Dir dran, ob er zwei Wochen noch
Erschöpft im Sand liegt, und die Wunden heilt?
555 Die Kunst jetzt lernten wir, ihn zu besiegen,
Und sind voll Lust, sie fürder* noch zu üben: weiter
Laß uns den Wrangel rüstig*, Brust an Brust,   kriegsbereit
Noch einmal treffen, so vollendet sich's,
Und in die Ostsee ganz fliegt er hinab!
560 Rom ward an einem Tage nicht erbaut.
  DER KURFÜRST Mit welchem Recht, Du Tor, erhoffst Du das,
Wenn auf dem Schlachtenwagen, eigenmächtig,
Mir in die Zügel jeder greifen darf?
Meinst Du, das Glück werd' immerdar, wie jüngst,
565 Mit einem Kranz den Ungehorsam lohnen?
Den Sieg nicht mag ich, der, ein Kind des Zufalls,
Mir ⌈von der Bank fällt⌉; das Gesetz will ich,
Die Mutter meiner Krone, aufrecht halten,
Die ein Geschlecht von Siegen mir erzeugt.
570 KOTTWITZ Herr, das Gesetz, das höchste, oberste,
Das wirken soll, in Deiner Feldherrn Brust,
Das ist der Buchstab Deines Willens nicht;
Das ist das Vaterland, das ist die Krone
Das bist Du selber, dessen Haupt sie trägt.
575 Was kümmert Dich, ich bitte Dich, die Regel,

geschlagen
wird
Nach der der Feind sich schlägt*: wenn er nur nieder
Vor Dir, mit allen seinen Fahnen, sinkt?
Die Regel, die ihn schlägt, das ist die höchste!
Willst Du das Heer, das glühend an Dir hängt,
Zu einem Werkzeug machen, gleich dem Schwerte,   1580
Das tot in Deinem goldnen Gürtel ruht?
Der ärmste Geist, der, ⌐in den Sternen fremd⌐,
Zuerst solch' eine Lehre gab! Die schlechte
Kurzsicht'ge Staatskunst, die, um eines Falles,
Da die Empfindung sich verderblich zeigt,   1585
Zehn andere vergißt, im Lauf der Dinge
Da die Empfindung einzig retten kann!
Schütt' ich mein Blut Dir, an dem Tag der Schlacht,
Für Sold, sei's Geld, sei's Ehre, in den Staub?
Behüte Gott! Dazu ist es zu gut!   1590
Was! Meine Lust hab' meine Freude ich,
Frei und für mich, im Stillen, unabhängig,
An Deiner Trefflichkeit und Herrlichkeit,
Am Ruhm und Wachstum Deines großen Namens!
Das ist der Lohn, dem sich mein Herz verkauft!   1595
Gesetzt, um dieses unberufnen Siegs,
Brächst Du dem Prinzen jetzt den ⌐Stab⌐; und ich,
Ich träfe morgen, gleichfalls unberufen,
Den Sieg wo irgend zwischen Wald und Felsen
Mit den Schwadronen, wie ein Schäfer, an: 1600
Hier: ehrlo-
ser Mensch
Bei Gott ein Schelm* müßt' ich doch sein, wenn ich
Des Prinzen Tat nicht munter wiederholte.
Und sprächst Du, das Gesetzbuch in der Hand:
»Kottwitz, Du hast den Kopf verwirkt!« so sagt ich:
Das wußt' ich, Herr; da nimm ihn hin, hier ist er: 1605
Als mich ein Eid an Deine Krone band,
Mit Haut und Haar, nahm ich den Kopf nicht aus,
Und nichts Dir gäb' ich, was nicht Dein gehörte!
DER KURFÜRST Mit Dir, Du alter, wunderlicher Herr,
Werd' ich nicht fertig! Es besticht dein Wort   1610

Mich, mit arglist'ger Rednerkunst gesetzt,
Mich, den Du weißt Dir zugetan, und einen
⌈Sachwalter⌉ ruf' ich mir, den Streit zu enden,
Der meine Sache führt!
Er klingelt, ein Bedienter tritt auf.
                              Der Prinz von Homburg –

615 Man führ' aus dem Gefängnis ihn hierher!
Der Bediente ab.
Der wird Dich lehren, das versichr' ich Dich,
Was Kriegszucht und Gehorsam sei! Ein Schreiben
Schickt' er mir mindstens zu, das anders lautet,
Als der spitzfünd'ge Lehrbegriff der Freiheit

620 Den Du hier, wie ein Knabe mir entfaltet.
Er stellt sich wieder an den Tisch und lies't.

KOTTWITZ *erstaunt:*
Wen holt? – Wen ruft? –

OBERST HENNINGS   Ihn selber?

GRAF TRUCHSS   Nein, unmöglich!
*Die Offiziere treten unruhig zusammen und sprechen mit-
einander.*

DER KURFÜRST Von wem ist diese zweite Zuschrift hier?

HOHENZOLLERN
Von mir, mein Fürst!

DER KURFÜRST *lies't:* »Beweis, daß Kurfürst Friedrich
Des Prinzen Tat selbst« – – – Nun, beim Himmel!

625 Das nenn' ich keck*!   dreist, ver-
                                                  wegen
Was! Die Veranlassung, du wälzest sie des Frevels,
Den er sich in der Schlacht erlaubt auf mich?

HOHENZOLLERN
Auf Dich, mein Kurfürst; ja, ich, Hohenzollern!

DER KURFÜRST
Nun denn, bei Gott, das übersteigt die Fabel*!   Hier: jede
                                                    Erzählung,
630 Der Eine zeigt mir, daß nicht schuldig e r,   jedes Mär-
Der Andre gar mir, daß der Schuld'ge i c h ! –   chen
Womit wirst solchen Satz Du mir beweisen?

HOHENZOLLERN

Du wirst Dich jener Nacht, o Herr, erinnern,
Da wir den Prinzen, tief versenkt im Schlaf,
Im Garten unter den Platanen fanden: 1635
Vom Sieg des nächsten Tages mogt' er träumen,
Und einen Lorbeer hielt er in der Hand.
Du, gleichsam um sein tiefes Herz zu prüfen,
Nahmst ihm den Kranz hinweg, die Kette schlugst Du,
Die Dir vom Hals hängt, lächelnd um das Laub;   1640
Und reichtest Kranz und Kette, so verschlungen,
Dem Fräulein, Deiner edlen Nichte, hin.
Der Prinz steht, bei so wunderbarem Anblick,
Errötend auf; so süße Dinge will er,
Und von so lieber Hand gereicht, ergreifen: 1645
Du aber, die Prinzessin rückwärts führend,
Entziehst Dich eilig ihm; die Tür empfängt Dich,
Jungfrau und Kett' und Lorbeerkranz verschwinden,
Und einsam – einen Handschuh in der Hand,
Den er, nicht weiß er selber, wem? entrissen –   1650
Im Schoß der Mitternacht, bleibt er zurück.

DER KURFÜRST

Welch' einen Handschuh?

HOHENZOLLERN   Herr, laß mich vollenden! –
Die Sache war ein Scherz; jedoch von welcher
Bedeutung ihm, das lernt' ich bald erkennen;
Denn, da ich, durch des Gartens hintre Pforte,   1655
Jetzt zu ihm schleich', als wär's von ungefähr,
Und ihn erweck', und er die Sinne sammelt:
Gießt die Erinnrung Freude über ihn,
Nichts Rührenders fürwahr, kannst Du Dir denken!
Den ganzen Vorfall, gleich, als wär's ein Traum,   1660
Trägt er, bis auf den kleinsten Zug, mir vor;
So lebhaft, meint' er, hab er nie geträumt –:
Und fester Glaube baut sich in ihm auf,
Der Himmel hab' ein Zeichen ihm gegeben:

665 Es werde Alles, was sein Geist gesehn,
Jungfrau und Lorbeerkranz und Ehrenschmuck,
Gott, an dem Tag der nächsten Schlacht, ihm schenken.

DER KURFÜRST
Hm! Sonderbar! – Und jener Handschuh? –

HOHENZOLLERN   Ja!
Dies Stück des Traums, das ihm verkörpert ward,
670 Zerstört zugleich und kräftigt seinen Glauben.
Zuerst, mit großem Aug' sieht er ihn an: –
Weiß ist die Farb', er scheint, nach Art und Bildung,
Von einer Dame Hand: – doch weil er keine
Zu Nacht, der er entnommen* könnte sein,   weggenom-
675 Im Garten sprach, – durchkreuzt, in seinem Dichten,   men
Von mir, der zur Parol auf's Schloß ihn ruft,
Vergißt er, was er nicht begreifen kann,
Und steckt zerstreut den Handschuh in's Collet.

DER KURFÜRST
Nun? Drauf?

HOHENZOLLERN Drauf tritt er nun, mit Stift und Tafel,
680 In's Schloß, aus des Feldmarschalls Mund, in frommer*   ehrlicher,
Aufmerksamkeit den Schlachtbefehl zu hören;   unschuldi-
Die Fürstin und Prinzessin, reisefertig   ger
Befinden grad' im Herrensaal sich auch.
Doch wer ermißt das ungeheure Staunen,
685 Das ihn ergreift, da die Prinzess' den Handschuh,
Den er sich ins Collet gesteckt, vermißt!
Der Marschall ruft, zu wiederholten Malen:
Herr Prinz von Homburg! Was befiehlt, mein Mar-
schall?
Entgegnet er, und will die Sinne sammeln;
690 Doch er, von Wundern ganz umringt – –: der Donner
Des Himmels hätte niederfallen können – –!
Er hält inne.

DER KURFÜRST
War's der Prinzessin Handschuh?

HOHENZOLLERN   Allerdings!

Der Kurfürst fällt in Gedanken.

HOHENZOLLERN *fährt fort:*

Ein Stein ist er; den Bleistift in der Hand,
Steht er zwar da und scheint ein Lebender;
Doch die Empfindung*, wie durch Zauberschläge, 169
In ihm verlöscht; und erst am andern Morgen,
Da das Geschütz schon in den Reihen donnert,
Kehrt er in's Dasein wieder und befragt mich:
Liebster, was hat schon* Dörfling, sag' mir's, gestern
Beim Schlachtbefehl, mich treffend, vorgebracht? 170

FELDMARSCHALL

Herr die Erzählung, wahrlich, unterschreib ich!
Der Prinz, erinn'r ich mich, von meiner Rede
Vernahm kein Wort; zerstreut sah ich ihn oft,
Jedoch in solchem Grad abwesend ganz
Aus seiner Brust, noch nie, als diesen Tag. 170

DER KURFÜRST

Und nun, wenn ich Dich anders recht verstehe*,
Türmst Du, wie folgt, das Schlußgebäu* mir auf:
Hätt' ich, mit dieses jungen Träumers Zustand,
Zweideutig nicht gescherzt, so blieb er schuldlos:
Bei der Parole wär' er nicht zerstreut, 171
Nicht widerspenstig in der Schlacht gewesen.
Nicht? Nicht? Das ist die Meinung?

HOHENZOLLERN   Mein Gebieter,
Das überlass' ich jetzt Dir, zu ergänzen.

DER KURFÜRST Tor, der Du bist, Blödsinniger! Hättest Du
Nicht in den Garten mich hinabgerufen, 171
So hätt' ich, einem Trieb der Neugier folgend,
Mit diesem Träumer harmlos nicht gescherzt.
Mithin behaupt' ich, ganz mit gleichem Recht,
Der sein Versehn veranlaßt hat, warst Du! –
⌐Die delphsche Weisheit⌐ meiner Offiziere! 172

HOHENZOLLERN Es ist genug, mein Kurfürst! Ich bin sicher,
Mein Wort fiel, ein Gewicht, in Deine Brust!

Seitenrandglossen:

Hier: Sinnes-empfindungen, Wahrnehmung

eigentlich

falls ich dich recht verstehe

Schlussfolgerung

Sechster Auftritt

Ein Offizier tritt auf. – Die Vorigen.
DER OFFIZIER
    Der Prinz, o Herr, wird augenblicks erscheinen!
DER KURFÜRST Wohlan! Laßt ihn herein.
OFFIZIER   In zwei Minuten! –
725   Er ließ nur flüchtig, im Vorübergehn,
    Durch einen Pförtner sich den Kirchhoff öffnen.
DER KURFÜRST
    Den Kirchhof?
OFFIZIER   Ja, mein Fürst und Herr!
DER KURFÜRST   Weshalb?
OFFIZIER Die Wahrheit zu gestehn, ich weiß es nicht;
    Es schien, das Grabgewölb wünscht' er zu sehen,
730   Das Dein Gebot ihm dort eröffnen ließ.
Die Obersten treten zusammen und sprechen mit einander.
DER KURFÜRST Gleichviel! Sobald er kömmt, laßt ihn
                                 herein.
Er tritt wieder an den Tisch und sieht in die Papiere.
GRAF TRUCHSS Da führt die Wache schon den Prinzen her.

Siebenter Auftritt

*Der Prinz von Homburg tritt auf. Ein Offizier mit Wache.
– Die Vorigen.*
DER KURFÜRST
    Mein junger Prinz, euch ruf' ich mir zu Hülfe!
    Der Obrist Kottwitz bringt, zu Gunsten eurer,
735   Mir dieses Blatt hier, schaut, in langer Reihe
    Von hundert Edelleuten unterzeichnet;
    <u>Das Heer begehre</u>, heißt es, eure Freiheit,
    Und billige den Spruch des Kriegsrechts nicht. –
    Les't, bitt' ich, selbst, und unterrichtet euch!

Er gibt ihm das Blatt.

DER PRINZ VON HOMBURG *nachdem er einen Blick hinein-*
getan, wendet er sich und sieht sich im Kreis der Offiziere
um:

> Kottwitz, gib Deine Hand mir, alter Freund! 1740
> Du tust mir mehr, als ich, am Tag der Schlacht
> Um Dich verdient! Doch jetzt geschwind geh hin
> Nach Arnstein wiederum, von wo Du kamst,
> Und rühr' Dich nicht; ich hab's mir überlegt,
> Ich will den Tod, der mir erkannt*, erdulden! 1745

^{zuerkannt}
^{ist}

Er übergibt ihm die Schrift.

KOTTWITZ *betroffen:*

> Nein, nimmermehr, mein Prinz! Was sprichst Du da?

HOHENZOLLERN

> Er will den Tod –?

GRAF TRUCHSS   Er soll und darf nicht sterben!

MEHRERE OFFIZIERE *vordringend:*

> Mein Herr und Kurfürst! Mein Gebieter! Hör' uns!

DER PRINZ VON HOMBURG

> Ruhig! Es ist mein unbeugsamer Wille!
> Ich will das heilige Gesetz des Kriegs, 1750
> Das ich verletzt' im Angesicht des Heers,

^{freiwilligen}

> Durch einen freien* Tod verherrlichen!
> Was kann der Sieg euch, meine Brüder, gelten,
> Der eine, dürftige, den ich vielleicht
> Dem Wrangel noch entreiße, dem Triumph 1755
> Verglichen, über den verderblichsten
> Der Feind' in uns, dem Trotz, dem Übermut,
> Errungen glorreich ⌈morgen⌉? Es erliege
> Der ⌈Fremdling⌉, der uns unterjochen will,
> Und frei, auf mütterlichem Grund, behaupte 1760

^{Landschaf-}
^{ten}

> Der Brandenburger sich; denn sein ist er,
> Und seiner Fluren* Pracht nur ihm erbaut!

KOTTWITZ *gerührt:*

> Mein Sohn! Mein liebster Freund! Wie nenn' ich Dich?

GRAF TRUCHSS

O Gott der Welt!

KOTTWITZ   Laß Deine Hand mich küssen!

Sie drängen sich um ihn.

DER PRINZ VON HOMBURG *wendet sich zum Kurfürsten:*

765 Doch Dir, mein Fürst, der ⌈einen süßern Namen⌉
Dereinst mir führte, leider jetzt verscherzt;
Dir leg' ich tiefbewegt zu Füßen mich!
Vergib, wenn ich, am Tage der Entscheidung,
Mit übereiltem Eifer Dir gedient:
770 Der Tod wäscht jetzt von jeder Schuld mich rein.
Laß meinem Herzen, das versöhnt und heiter
Sich Deinem Rechtsspruch unterwirft, den Trost,
Daß Deine Brust auch jedem Groll entsagt:
Und in der Abschiedsstunde, dess' zum Zeichen*,   zum Zeichen
775 Bewill'ge huldreich eine Gnade mir!   dafür

DER KURFÜRST

Sprich, junger Held! Was ist's das Du begehrst?
Mein Wort verpfänd ich Dir und Ritterehre!
Was es auch sei, es ist Dir zugestanden!

DER PRINZ VON HOMBURG

Erkauf' o Herr, mit Deiner Nichte Hand,
780 Von Gustav Karl den Frieden nicht! Hinweg
Mit diesem Unterhändler aus dem Lager,
Der solchen Antrag ehrlos Dir gemacht:
Mit Kettenkugeln* schreib' die Antwort ihm!   Mit einer
                                                    Kette ver-
DER KURFÜRST *küßt seine Stirn:*   bundene
                                                    Kanonenku-
Sei's, wie Du sagst, mit diesem Kuß, mein Sohn,   geln
785 Bewilligt sei d i e letzte Bitte Dir!
Was auch bedarf es dieses Opfers noch,
Vom Mißglück* nur des Kriegs mir abgerungen;   Unglück
Blüht doch aus jedem Wort, das Du gesprochen,
Jetzt mir ein Sieg auf, der zu Staub ihn malmt!
790 Prinz Homburg's Braut sei sie, werd' ich ihm schreiben,
Der Fehrbellins halb* dem Gesetz verfiel,   halber, we-
                                                    gen

Und seinem Geist, tot vor den Fahnen schreitend,
Kämpf er auf dem Gefild der Schlacht, sie ab!
Er küßt ihn noch einmal und erhebt ihn.
DER PRINZ VON HOMBURG
Nun sieh, jetzt schenktest Du das Leben mir!
Nun fleh' ich jeden Segen Dir herab   179
Den von dem Thron der Wolken ⌐Seraphin⌐
Auf Heldenhäupter jauchzend niederschütten;
Geh und bekrieg' o Herr, und überwinde
Den Weltkreis, der Dir trotzt – denn Du bist's wert!
DER KURFÜRST Wache! Führt ihn zurück in sein Gefängnis! 18C

Achter Auftritt

*Natalie und die Kurfürstin zeigen sich unter der Tür, Hof-
damen folgen. – Die Vorigen.*
NATALIE O Mutter, laß! Was sprichst Du mir von Sitte?
Die höchst', in solcher Stund', ist ihn zu lieben!
– Mein teurer, unglücksel'ger Freund!
DER PRINZ VON HOMBURG *bricht auf:* Hinweg!
GRAF TRUCHSS *hält ihn:*
Nein, nimmermehr, mein Prinz!
Mehrere Offiziere treten ihm in den Weg,
DER PRINZ VON HOMBURG   Führt mich hinweg!
HOHENZOLLERN
Mein Kurfürst, kann dein Herz –?   18(
DER PRINZ VON HOMBURG *reißt sich los:*
                                        Tyrannen, wollt ihr
Hinaus an Ketten mich zum Richtplatz schleifen?
Fort! – Mit der Welt schloß ich die Rechnung ab!
Ab, mit Wache.
NATALIE *indem sie sich an die Brust der Tante legt:*
O Erde, nimm in deinen Schoß mich auf!
Wozu das Licht der Sonne länger schauen?

Neunter Auftritt

Die Vorigen ohne den Prinzen von Homburg.

FELDMARSCHALL

810   O Gott der Welt! Mußt' es bis dahin kommen!
Der Kurfürst spricht heimlich und angelegentlich mit
einem Offizier.

KOTTWITZ *kalt:*
  Mein Fürst und Herr, nach dem, was vorgefallen
  Sind wir entlassen?

DER KURFÜRST   Nein! Zur Stund* noch nicht!   Bis jetzt
  Dir sag' ich's an, wenn Du entlassen bist!
Er fixiert ihn eine Weile mit den Augen; alsdann nimmt er
die Papiere, die ihm der Page gebracht hat, vom Tisch, und
wendet sich damit zum Feldmarschall:
  Hier diesen Paß dem schwed'schen Grafen Horn!

815   Es wär' des Prinzen, meines Vetters Bitte,
  Die ich verpflichtet wäre, zu erfüllen;
  Der Krieg heb' in drei Tagen wieder an!
Pause. – Er wirft einen Blick in das Todesurteil.
  Ja, urteilt selbst, ihr Herrn! Der Prinz von Homburg
  Hat im verfloßenen Jahr, durch Trotz und Leichtsinn,

820   Um zwei der schönsten Siege mich gebracht;
  Den dritten auch hat er mir schwer gekränkt*.   geschwächt
  Die Schule dieser Tage durchgegangen,
  Wollt ihr's zum vierten Male mit ihm wagen?

KOTTWITZ UND TRUCHSS *durcheinander:*
  Wie, mein vergöttert – angebeteter? –

DER KURFÜRST

825   Wollt ihr? Wollt ihr?

KOTTWITZ   Bei dem lebend'gen Gott,
  Du könntest an Verderbens Abgrund stehn,
  Daß er, um Dir zu helfen, dich zu retten,
  Auch nicht das Schwert mehr zückte, ungerufen*!   ohne Auf-
                                                        trag

DER KURFÜRST *zerreißt das Todesurteil:*
    So folgt, ihr Freunde, in den Garten mir!
Alle ab.

*Szene: Schloß, mit der Rampe, die in den Garten hinab-
führt; wie im ersten Akt. – Es ist wieder Nacht.*

Zehnter Auftritt

*Der Prinz von Homburg wird vom Rittmeister Stranz mit
verbundenen Augen durch das untere Gartengitter aufge-
führt*. Offiziere mit Wache. In der Ferne hört man Trom-
meln des Totenmarsches.*

hinaufge-
führt

DER PRINZ VON HOMBURG
    ⌜Nun, o Unsterblichkeit⌝, bist Du ganz mein!   183⸢
    Du strahlst mir durch die Binde meiner Augen,
    Mit Glanz der ⌜tausendfachen Sonne⌝ zu!
    Es wachsen Flügel mir an beiden Schultern,
    Durch stille ⌜Ätherräume⌝ schwingt mein Geist;
    Und wie ein Schiff, vom Hauch des Winds entführt,   183⸢
    Die muntre Hafenstadt versinken sieht,
    So geht mir dämmernd alles Leben unter:
    Jetzt' unterscheid' ich Farben noch und Formen,
    Und jetzt liegt Nebel Alles unter mir.
*Der Prinz setzt sich auf die Bank, die in der Mitte des
Platzes, um die Eiche aufgeschlagen ist, der Rittmeister
Stranz entfernt sich von ihm, und sieht nach der Rampe
hinauf.*

DER PRINZ VON HOMBURG
    Ach, wie die ⌜Nachtviole⌝ lieblich duftet!   184⸢
    – Spürst Du es nicht?
Stranz kommt wieder zu ihm zurück.
STRANZ   Es sind Levkoyn und Nelken.

handwritten margin notes: duften / nachts / es ist Tag / → Tageslicht ≙ Licht vom Jenseits

DER PRINZ VON HOMBURG
Levkoyn? – Wie kommen die hierher?

STRANZ   Ich weiß nicht. –
Es scheint, ein Mädchen hat sie hier gepflanzt.
– Kann ich Dir eine Nelke reichen?

DER PRINZ VON HOMBURG   Lieber! –
845 Ich will ⌜zu Hause⌝ sie in Wasser setzen.

Elfter Auftritt

*Der Kurfürst mit dem Lorbeerkranz, um welchen die gold-
ne Kette geschlungen ist, Kurfürstin, Prinzessin Natalie,
Feldmarschall Dörfling, Obrist Kottwitz, Hohenzollern,
Golz u. s. w. – Hofdamen, Offiziere und Fackeln erscheinen auf der Rampe des Schlosses. – Hohenzollern tritt, mit
einem Tuch, an das Geländer und winkt dem Rittmeister
Stranz; worauf dieser den Prinzen von Homburg verläßt,
und im Hintergrund mit der Wache spricht.*

DER PRINZ VON HOMBURG
Lieber, was für ein Glanz verbreitet sich?

STRANZ *kehrt zu ihm zurück:*
Mein Prinz, willst Du gefällig* Dich erheben?

DER PRINZ VON HOMBURG
Was gibt es?

STRANZ   Nichts, das Dich erschrecken dürfte! –
Die Augen bloß will ich Dir wieder öffnen.

DER PRINZ VON HOMBURG
850 Schlug meiner Leiden letzte Stunde?

STRANZ   Ja! –
Heil Dir und Segen, denn Du bist es wert!
*Der Kurfürst gibt den Kranz, an welchem die Kette hängt,
der Prinzessin, nimmt sie bei der Hand und führt sie die
Rampe hinab. Herren und Damen folgen. Die Prinzessin
tritt, umgeben von Fackeln, vor den Prinzen, welcher er-*

> Höfliche Bit-
> te, freundli-
> cher als
> »willst du«

*staunt aufsteht; setzt ihm den Kranz auf, hängt ihm die
Kette um, und drückt seine Hand an ihr Herz. Der Prinz
fällt in Ohnmacht.*

NATALIE Himmel! Die Freude tötet ihn!

_{hebt ihn auf} HOHENZOLLERN *faßt ihn auf**:   Zu Hülfe!

DER KURFÜRST Laßt den Kanonendonner ihn erwecken!
Kanonenschüsse. Ein Marsch. Das Schloß erleuchtet sich.

KOTTWITZ
   Heil, Heil dem Prinz von Homburg!

DIE OFFIZIERE   Heil! Heil! Heil!

ALLE Dem Sieger in der Schlacht bei Fehrbellin!   185
Augenblickliches Stillschweigen.

DER PRINZ VON HOMBURG
   Nein, sagt! Ist es ein Traum?

KOTTWITZ   Ein Traum, was sonst?

MEHRERE OFFIZIERE
   Ins Feld! Ins Feld!

GRAF TRUCHSS   Zur Schlacht!

FELDMARSCHALL   Zum Sieg! Zum Sieg!

⌈ALLE⌉ In Staub mit allen Feinden Brandenburgs!

Offenes Ende

Anhang

Heinrich von Kleist
[Widmungsgedicht an Prinzessin Amalie Marie Anne von Preußen]

Das nach seinem heutigen Aufbewahrungsort benannte Heidelberger Manuskript enthält folgendes Widmungsgedicht an Prinzessin Amalie Marie Anne von Preußen, die eine Urenkelin des Prinzen Friedrich II. von Hessen-Homburg, des historischen Vorbilds von Kleists Helden, war:

Ihrer königlichen Hoheit
der Prinzessin
Amalie Marie Anne
Gemahlin des Prinzen Wilhelm von Preußen
Bruders Sr Majestät des Königs
gebohrne Prinzessin von Hessen-Homburg.

Gen Himmel schauend greift, im Volksgedränge,
Der ⌜Barde⌝ fromm in seine Saiten ein.
Jetzt trösten, jetzt verletzen seine Klänge,
Und solcher Antwort kann er sich nicht freun.
Doch Eine denkt* er in dem Kreis der Menge,
Der die Gefühle seiner Brust sich weih:
⌜Sie hält den Preis in Händen, der ihm falle*,
Und krönt ihn die, so krönen sie ihn Alle.⌝

*an eine
denkt er

*der ihm zu-
falle

Bei der Heidelberger Handschrift handelt es sich möglicherweise um das Widmungsexemplar, das Kleists Cousine Marie von Kleist am 3.9.1811 an Prinz Wilhelm und Prinzessin Marie Anne schickte (vgl. »Entstehungs- und Textgeschichte«, S. 112 f.).

Kommentar

Zeittafel

1777 18.10.: Bernd Heinrich Wilhelm von Kleist wird laut Kirchenbuch und Taufzeugnis am 18.10., nach eigener Aussage am 10.10. als ältester Sohn des Bataillonschefs Joachim Friedrich von Kleist (1728–1788) und seiner zweiten Frau Juliane Ulrike, geb. von Pannwitz (1746–1793), in Frankfurt/Oder geboren. Sechs Geschwister: zwei Halbschwestern aus der ersten Ehe des Vaters (darunter seine Lieblingsschwester Ulrike), drei leibliche Schwestern, ein jüngerer Bruder.

1788 Tod des Vaters.

1792 Kleist tritt in das Garderegiment Potsdam als Gefreiter-Korporal ein.

1793 Tod der Mutter.

1793–1795 Kleist nimmt am Rheinfeldzug gegen Frankreich teil.

1799 Abschied von Militär; Immatrikulation an der philosophischen Fakultät der Universität Frankfurt/Oder; Reise ins Riesengebirge.

1800 Inoffizielle Verlobung mit Wilhelmine von Zenge (1780–1852); Abbruch des Studiums; Würzburg-Reise mit Ludwig von Brockes (1767/68–1815).

1801 22.3: Berühmter Brief an Wilhelmine von Zenge, Kant-Krise; Kleist reist mit seiner Schwester Ulrike (1774–1849) nach Paris; Reise mit Friedrich Lose (1776–1844; Kleist schreibt ›Lohse‹) nach Basel, allein weiter nach Bern.

1802 Freundschaft mit Heinrich Zschokke (1771–1848), Ludwig Wieland (1777–1819; Sohn des Schriftstellers Christoph Martin Wieland) und dem Verleger Heinrich Geßner (1768–1813); im Mai Lösung der Verlobung mit Wilhelmine von Zenge; die Buchausgabe der *Familie Schroffenstein* erscheint bei Geßner (Bern und Zürich).

1803 Januar bis Ende Februar bei Christoph Martin Wieland (1733–1813) auf Gut Oßmannstedt; Reisen nach Leipzig und Dresden, mit Ernst von Pfuel (1779–1866) in die

Schweiz, nach Mailand, Varese und Paris; Vernichtung des *Robert Guiskard*-Manuskripts; Pläne, in die napoleonische Armee einzutreten; vermutlich mehrere Monate krank, bei dem Arzt Georg Wedekind (1761–1831) in Mainz in Behandlung.

1804 9. 1: Uraufführung der *Familie Schroffenstein* in Graz; Bewerbung um Aufnahme in den preußischen Staatsdienst.

1805 Arbeit im Finanzdepartment unter Karl Freiherr vom Stein zum Altenstein (1770–1840), ab Mai Ausbildung an der Kriegs- und Domänenkammer in Königsberg.

1806 Kleist gibt die Beamtenlaufbahn endgültig auf.

1807 Wanderung von Königsberg nach Berlin. Kleist wird von den französischen Behörden irrtümlich der Spionage verdächtigt und verhaftet. Februar bis Juli in französischer Gefangenschaft auf der Festung Fort-de-Joux und in Châlons-sur-Marne; Anfang Mai erscheint *Amphitryon* in Dresden; nach der Entlassung aus der Gefangenschaft Reise über Berlin nach Dresden; gescheiterte Gründung einer Verlagsbuchhandlung.

1808 Kleist gibt mit Adam Müller (1779–1829) die Zeitschrift *Phöbus. Ein Journal für die Kunst* heraus. 2.3.: Missglückte Uraufführung des *Zerbrochnen Krugs* durch Goethe (1749–1832) am Weimarer Hoftheater; *Penthesilea* erscheint. Beendigung der *Herrmannsschlacht*.

1809 Kleist in Prag; im März letzte Lieferung des *Phöbus*; Arbeit an politischer Lyrik und Prosa. Kleist und Friedrich Christoph Dahlmann (1785–1860) planen die Gründung einer antinapoleonischen Zeitschrift mit dem Titel *Germania*, auch dieses Projekt scheitert.

1810 Ab Februar in Berlin. Kontakt u. a. zu Adam Müller, Achim von Arnim (1781–1831), Clemens Brentano (1778–1842) und Friedrich de la Motte Fouqué (1777–1843). 17.3.: Uraufführung des *Käthchen von Heilbronn* in Wien; der erste Band der Erzählungen erscheint bei Reimer in Berlin, Inhalt: *Michael Kohlhaas, Die Marquise von O...*, *Das Erdbeben in Chili*. Eben-

falls bei Reimer erscheint *Das Käthchen von Heilbronn.*
Ab 1.10. Herausgabe und Redaktion der Tageszeitung
Berliner Abendblätter. Die erste Ausgabe enthält u. a.
Kleists Aufsatz *Über das Marionettentheater.* Arbeit an
dem Schauspiel *Prinz Friedrich von Homburg.*

1811   Anfang Februar Buchausgabe von *Der zerbrochne Krug*
bei Reimer in Berlin; am 30.3. letzte Ausgabe der *Ber-*
liner Abendblätter; Anfang August erscheint der zweite
Band der Erzählungen, Inhalt: *Die Verlobung in St. Do-*
mingo, Das Bettelweib von Locarno, Der Findling, Die
heilige Cäcilie, Der Zweikampf. 21.11.: Kleist nimmt
sich am Kleinen Wannsee bei Potsdam gemeinsam mit
Henriette Vogel (1777–1811) das Leben.

Entstehungs- und Textgeschichte

Die Geschichtsschreibung betrachtet historische Fakten und versucht, ihnen ihren Sinn zu entlocken. Sie möchte rekonstruieren, was geschehen ist. Anders verfährt die Dichtung: Die Historie ist ihr Material, das sie formen darf, verbürgte Begebenheiten der Vergangenheit mischt sie mit Erfindungen. Das vergangene Geschehen muss sich der Fiktion unterordnen. Als Kleist die Ereignisse um die Schlacht bei Fehrbellin (1675) für die Bühne bearbeitete, nahm er es mit den Tatsachen nicht sehr genau. Eine Prinzessin Natalie von Oranien hat es nie gegeben, und nur wenig verbindet Kleists traumversunkenen, blonden Bühnenprinzen mit seinem historischen Vorbild. Landgraf Friedrich II. von Hessen-Homburg (1633–1708), ein barocker Duodezfürst und Kriegsunternehmer, war zum Zeitpunkt des Gefechts kein verliebter Jüngling mehr, sondern ein Mann in mittleren Jahren, der bereits zum zweiten Mal verheiratet war. Zunächst hatte er unter Karl X. Gustav (1622–1660) im schwedischen Heer gedient, seit 1670 in der brandenburgischen Armee. 1659 war er beim Sturm auf Kopenhagen während des Zweiten Nordischen Kriegs so schwer verwundet worden, dass er den rechten Unterschenkel verlor. Das künstliche Bein mit silbernen Gelenken, das er sich anfertigen ließ, trug ihm den Beinamen »Landgraf mit dem silbernen Bein« ein. Als General der brandenburgischen Kavallerie griff er in der Schlacht bei Fehrbellin die weit überlegene schwedische Armee an und fügte ihr schwere Verluste zu.

Historisches Vorbild für den Prinzen

Den Kern von Kleists Schauspiel bilden aber nicht jene Ereignisse, die Eingang in die Geschichtsbücher gefunden haben. Es behandelt vielmehr eine damals weit verbreitete Legende, die Friedrich der Große (1712–1786) in die Welt gesetzt hatte und die heute widerlegt ist: Der Prinz von Homburg hat in der Schlacht bei Fehrbellin nicht ausdrücklichem Befehl zuwidergehandelt (vgl. Kanzog 1977, S. 113), wurde folglich auch nicht wegen Insubordination verurteilt und später vom Kurfürsten begnadigt. Möglicherweise wollte der Preußenkönig die Verdienste und die Milde seines eigenen Vorfahren, des »Großen

Legende von Friedrich dem Großen

Kurfürsten« Friedrich Wilhelm I. von Brandenburg (1620–1688), besonders hervorheben. In der ersten Ausgabe seiner *Mémoires pour servir à l'histoire de la Maison de Brandebourg* (Berlin 1751), einer Geschichte seines eigenen Hauses, beschreibt Friedrich der Große, wie der Prinz den Befehl erhält, mit seinen Reitern den Feind zu erkunden, ohne sich auf einen Kampf einzulassen. Dem Prinzen aber geht das Temperament durch, und er greift eigenmächtig in das Gefecht ein. Diese Darstellung war Kleist bekannt. Zu seinen Quellen gehörte auch das *Lesebuch für Freunde der Geschichte* des preußischen Feldpredigers Karl Heinrich Krause, das die Legende weiter verbreitete. Kleist hatte das Werk im Januar 1809 der Dresdner Königlichen Bibliothek entliehen (vgl. Sembdner, Lebensspuren, 1977, Nr. 307, S. 257). Die Begnadigung durch den Kurfürsten wird dort in wenigen Sätzen geschildert:

Kleists Quellen

»Der Prinz von Hessenhomburg stand, im Bewußtsein seines Dienstfehlers, in einiger Entfernung, und wagte es nicht, seinen Blick zu dem streng gerechten Fürsten aufzuschlagen. Der Kurfürst winkte ihm liebreich, heranzutreten. ›Wollte ich‹, redete er ihn an, ›nach der Strenge der Kriegsgesetze mit Ihnen verfahren, so hätten Sie den Tod verdient. Aber Gott bewahre mich, daß ich meine Hände mit dem Blute eines Mannes beflecke, der ein vorzügliches Werkzeug meines Sieges war.‹ Mit diesen Worten und einer väterlichen Ermahnung, künftig vorsichtiger zu sein, umarmte er ihn und versicherte ihn seiner ganzen Achtung und Freundschaft.« (*Mein Vaterland unter den hohenzollerischen Regenten.* Ein Lesebuch für Freunde der Geschichte auf's neue bearbeitet von K. H. Krause, Feldprediger des königlich-preußischen Infanterieregiments von Strachwitz, Zweiter Theil, Halle 1803, S. 184)

Kleist schmückte diesen Stoff weiter aus. In seinem Schauspiel streift er außerdem die ebenso reizvolle wie leicht zu widerlegende Legende vom Opfertod des Stallmeisters Emanuel Froben (1640–1675), die ebenfalls auf Friedrich den Großen zurückgeht (vgl. Vers 639–681). Krause erwähnt sie mit einem Hinweis auf ihre Unglaubwürdigkeit. Froben fiel in der Schlacht bei Fehrbellin. Es wird berichtet, er habe sein Pferd mit dem auffälligen Schimmel des Kurfürsten getauscht, weshalb die Kugel, die dem Kurfürsten galt, ihn traf. Den Pferdetausch hat jedoch in Wirklichkeit Leibjäger Uhl vorgenommen, der in der Schlacht verwundet wurde. Diese Fakten waren zu Kleists Zeiten bereits bekannt. Aber das Ziel des Dichters war keine wirklichkeitsgetreue Darstellung der Geschichte: Er wollte vielmehr einen preußischen Geschichtsmythos wiederbeleben – unmittelbar nach dem Untergang Preußens als europäische Großmacht.

Preußischer Geschichtsmythos

Am 14.10.1806 war die preußische Armee in der Schlacht bei Jena und Auerstedt von Napoléon (1761–1829) vernichtend geschlagen worden. Im Frieden von Tilsit (7.–9.7.1807) verlor Preußen etwa die Hälfte seines Gebiets, zudem wurde ihm eine belastende Kriegskontribution auferlegt. Die Räumung der von den Franzosen besetzten Provinzen sollte erst nach der Zahlung dieser Gelder erfolgen (vgl. Nipperdey, Thomas, *Deutsche Geschichte 1800–1866*. Bürgerwelt und starker Staat, München 1998, S. 16). Während König Friedrich Wilhelm III. (1770–1840) versuchte, durch vorsichtiges Taktieren bessere Bedingungen auszuhandeln, hofften breite Kreise der Bevölkerung auf eine Erhebung gegen Napoléon. So auch Kleist, der 1809 einige politisch-patriotische Schriften (z. B. *Katechismus der Deutschen*) und Gedichte verfasste, die zum Kampf gegen die Franzosen aufriefen. In seinem Drama *Prinz Friedrich von Homburg* erinnert er an die große Vergangenheit der brandenburgisch-preußischen Monarchie. Der glanzvolle Sieg bei Fehrbellin, mit dem der Aufstieg Brandenburg-Preußens begann, gehört zu deren Gründungsmythen. Mit dem Triumph über die bis dahin als unbesiegbar geltenden schwedischen Truppen hatte sich der Kurfürst den Beinamen des »Großen Kurfürsten« erworben.

Anspielungen auf die aktuelle politische Situation

In Kleists Drama sind zahlreiche Anspielungen auf die aktuelle politische Situation in Preußen verwoben. Der Einfall der Schweden in Brandenburg spielt auf die Eroberung Preußens durch die Franzosen an. Die antinapoleonische Tendenz des Schauspiels scheint jedoch v. a. in der Zeichnung der Titelfigur auf: Für seine Zeitgenossen deutlich erkennbar, hat Kleist in seinen Prinzen von Homburg den jungen preußischen Prinzen Louis Ferdinand (1772–1806) hineingekreuzt – eine Symbolfigur des Widerstands gegen Napoléon. Im Gefecht bei Saalfeld

Prinz Louis Ferdinand

am 10.10.1806 hatte Louis Ferdinand eigenmächtig die Franzosen angegriffen. Er fiel, erst 33-jährig, in dieser Schlacht, die mit einer Niederlage für Preußen endete. Die Öffentlichkeit heroisierte den exzentrischen, musikalisch begabten Prinzen, der als einer der glanzvollsten Vertreter des preußischen Hofs galt, und stilisierte ihn zum Gegenspieler des von vielen als schwach empfundenen Königs Friedrich Wilhelm III.

Noch ein weiterer aufsehenerregender Alleingang eines preußischen Offiziers mag Kleist beim Entwurf seines Dramas vor Augen gestanden haben: Am 28.4.1809 rückte Ferdinand von Schill (1776–1809) ohne königlichen Befehl mit seinem Regiment aus der Berliner Garnison aus, um auf eigene Faust gegen die französische Besatzung loszuschlagen. Der König, der dadurch zum Kriegseintritt gegen Napoléon gezwungen werden sollte, missbilligte dieses eigenmächtige Vorgehen mit scharfen Worten. Schill besetzte Stralsund und fiel am 31.5.1809 im Kampf gegen die vordringenden holländischen und dänischen Truppen.

Ferdinand von Schill

In seinem Geschichtsdrama hat Kleist also Historie, Mythos und Anspielungen auf politische Ereignisse der Gegenwart verflochten. Er verfolgte dabei ein doppeltes Ziel: Verborgen im literarischen Text übte er eine vorsichtige Kritik an dem zaudernden König, der die nach Preußens Zusammenbruch notwendig gewordenen Reformen nur widerwillig umsetzte und durch dessen Unentschlossenheit sich die antinapoleonischen Kräfte blockiert sahen. Musste das Publikum den König nicht zwangsläufig mit dem Großen Kurfürsten vergleichen, an dessen Sieg gegen die Schweden erinnert wurde? Kottwitz' Rede (Vers 1570–1608) und das Schlusswort des Prinzen vor den Offizieren (Vers 1794–1799) seien, so Klaus Kanzog, als Appelle unmittelbar an den König gerichtet (vgl. Kanzog 1977, S. 129), der zu einer Befreiungstat gegen Napoléon bewegt werden sollte. Zugleich aber erhoffte Kleist sich von seinem Stück Hofgunst – ein Balanceakt, der wahrscheinlich von vornherein zum Scheitern verurteilt war.

Kleists doppeltes Ziel

Am 19.3.1810 kündigte Kleist seiner Schwester Ulrike voller Hoffnung eine erste Aufführung des Schauspiels an:

    »Jetzt wird ein Stück von mir, das aus der Brandenburgischen

Geschichte genommen ist, auf dem Privattheater des Prinzen Radziwil gegeben, und soll nachher auf die Nationalbühne kommen, und, wenn es gedruckt ist, der Königin übergeben werden. Was sich aus allem diesem machen läßt, weiß ich noch nicht; ich glaube es ist eine Hofcharge.« (Heinrich von Kleist, *Sämtliche Werke und Briefe*, hg. von Helmut Sembdner, Band II, 9. vermehrte und revidierte Auflage, München 1993, Nr. 159, S. 833)

Doch diese Aufführung fand vermutlich nicht statt (vgl. Kanzog 1977, S. 241 f.). Auch ist nicht nachzuweisen, ob das Drama bereits im März 1810 in der heute überlieferten Fassung vorlag: Denn über die Umstände seiner Entstehung ist nur wenig bekannt. Kleists Aussicht auf eine Hofcharge, ein Amt bei Hofe also, zerschlug sich. Königin Luise von Preußen (1776–1810), der Kleist das Drama ursprünglich widmen wollte, starb am 19.7.1810. Auf sie hatte er seine Hoffnungen gesetzt: Hatte er sie doch mit einem Huldigungsgedicht zur Feier ihres Geburtstags am 10.3.1810 (*An die Königin Luise zu Preußen*) »vor den Augen des ganzen Hofes zu Tränen gerührt« (Brief an Ulrike, 19.3.1810). Erst am 21.6.1811 bietet Kleist das Stück dem Berliner Verleger Georg Andreas Reimer an (vgl. Heinrich von Kleist: *Sämtliche Werke und Briefe*, Band II, Nr. 205, S. 871). Im Juli 1811 erinnert Kleist den Verleger mit zwei Briefen an sein Anliegen, zuletzt mit Nachdruck:

> »Mein liebster Reimer, Ich bitte um die Gefälligkeit, mir Ihre Entschließung wegen des Pr. v. Homburg zukommen zu lassen, welchen ich bald gedruckt zu sehen wünsche, indem es meine Absicht ist, ihn der Prinzess. Wilhelm zu dezidieren.« (Ebd., Nr. 207, S. 871 f.)

Doch die erhoffte Antwort blieb aus. Am 15.8.1811 dankt Kleist dem Dichter Friedrich de la Motte Fouqué für die Übersendung seiner vaterländischen Schauspiele und kündigt ihm ein konkurrierendes Unternehmen an:

> »Vielleicht kann ich Ihnen in kurzem gleichfalls ein vaterländisches Schauspiel, betitelt: der Prinz von Homburg, vorlegen, worin ich auf diesem, ein wenig dürren, aber eben deshalb fast, möchte ich sagen, reizenden Felde, mit Ihnen in die Schranken trete.« (Ebd., Nr. 214, S. 876)

Umstände der Entstehung

F. de la Motte Fouqué

Am 3.9.1811 sendet Kleists Cousine Marie von Kleist (1761–
1831) das Dedikationsexemplar des *Prinz Friedrich von Hom-*
burg an Prinz Wilhelm von Preußen (1783–1851), den jüngsten
Bruder des Königs, und dessen Frau Prinzessin Marie Anne
(1785–1846), der Kleist nach dem Tod Königin Luises das Stück
widmete. Marie Anne war als geborene Prinzessin zu Hessen-
Homburg eine Nachfahrin des Prinzen von Homburg. Kleist
hoffte, in ihr eine neue Gönnerin zu finden. Marie von Kleist
bittet in ihrem begleitenden Schreiben um finanzielle Unterstützung ihres Verwandten. Was die Aufnahme des Stücks betrifft,
lässt sie dabei zugleich leise Bedenken anklingen:

> »Ich wage zu gleicher Zeit, Ihrer Königl. Hoheit der Frau
> Prinzessin ein Stück zu Füßen zu legen, welches der Verfasser
> ihr gewidmet hat und das sicher große Schönheiten enthält,
> auf das man jedoch, wenn ich nach der Wirkung urteile, die es
> auf mich gemacht hat, die Frau Prinzessin vorbereiten müßte,
> und vor allem wäre es nötig, daß sie den Dichter und all seine
> aus Shakespeare geschöpften Ideen über das Drama kennen-
> lernte. Aber ich verspreche der Frau Prinzessin viel Befriedi-
> gung, wenn sie das Stück bis zuende liest [...]« (Sembdner,
> Lebensspuren, 1977, Nr. 506, S. 399)

Maries Schreiben blieb ohne Antwort, und hinter diesem
Schweigen verbarg sich möglicherweise Geringschätzung: Die
Darstellung des Prinzen von Homburg, eines Generals und Vor-
fahren der Prinzessin, als sinnverwirrter Träumer, der in einem
Schwebezustand zwischen Imagination und Wirklichkeit lebt,
errötet und in Ohnmacht fällt, und nicht zuletzt die Anspielun-
gen auf die Insubordination Louis-Ferdinands, mögen wenig
Beifall gefunden haben. Kleists Vorhaben, mit dem Stück bei
Hofe zu glänzen, zerschlug sich also, wie viele andere seiner
Pläne, und hätte wohl ohnehin ein größeres diplomatisches Geschick erfordert, als Kleist es besaß. Gerhard Schulz schreibt in
seiner 2007 erschienenen Kleist-Biographie:

> »Woran es Heinrich von Kleist tatsächlich fehlte, war ein
> gutes Maß an Lebensklugheit, also der Fähigkeit, die Gege-
> benheiten des eigenen Wesens mit den Möglichkeiten und
> Gelegenheiten seiner Umwelt in Übereinstimmung zu bringen
> und besonnene Entscheidungen zu treffen, ohne sich bloßzu-

stellen oder gar der eigenen Würde zu begeben. Den Verspre-
chen, die er leidenschaftlich verkündete, den Plänen und Pro-
jekten, die er sich vornahm, stand ja allzu oft das Ende im
Mißerfolg und in einer Krise auf die Stirn geschrieben. Nur
müssen eben Dichter wie alle Künstler nicht unbedingt weise
oder lebensklug sein. Allerdings werden sie wohl gerade deshalb auch so leicht Opfer ihrer Lebensumstände.« (Schulz
2007, S. 20)

Auch die Arbeit am *Prinzen von Homburg* endete in einer Ent-
täuschung: Weder die Uraufführung noch die Drucklegung des
Schauspiels sollte Kleist erleben. Ludwig Tieck (1773–1853)
gelang es 1814 (vgl. Bülow 1848, S. 62), drei Jahre nach Kleists
Tod also, sich ein Exemplar des schon verloren geglaubten
Werks zu beschaffen. Möglicherweise handelte es sich, so Klaus
Kanzog, um das Widmungsexemplar für Prinzessin Marie Anne
(vgl. Kanzog 1977, S. 245–248), eine Kopistenhandschrift, die
sich heute im Besitz der Heidelberger Universitätsbibliothek befindet. Diese Ansicht ist jedoch umstritten. Erst 1821 wurde das
Stück erstmals in den von Tieck herausgegebenen *Hinterlassenen Schriften* Kleists gedruckt sowie wenige Jahre später in den
ebenfalls von Tieck publizierten *Gesammelten Schriften* (1826).
Tiecks Erstdruck weist einige Abweichungen von der Kopistenhandschrift auf. Die Herausgeber der 1997 abgeschlossenen
vierbändigen Kleist-Ausgabe, Hinrich C. Seeba, Ilse-Marie
Barth und Hans Rudolf Barth, vermuten, dass der von Tieck
edierte Text, dem sie folgen, auf ein verlorengegangenes Origi-
nalmanuskript Kleists zurückgeht. Außerdem nehmen sie an,
dass es sich bei der Heidelberger Abschrift nicht um das Widmungsexemplar, sondern nur um eine Kopie desselben handelt
(*Sämtliche Werke und Briefe in vier Bänden*, Band 2, S. 1149).
Roland Reuß und Peter Staengle, die die neue Brandenburger
Ausgabe ediert haben, gehen ebenfalls davon aus, dass »bei der
Drucklegung des Nachlaßbands neben dem Widmungsexemplar für die Prinzessin Wilhelm auch ein Autograph vorlag«
(Bd. I/8 *Prinz Friedrich von Homburg*, 2006, S. 589). Über
die Existenz dieses Manuskripts lässt sich jedoch nur spekulie-
ren, denn auffindbar ist es nicht. Die Überlieferungslage wird
sich wahrscheinlich nie ganz klären lassen. Deshalb enthält die

Brandenburger Ausgabe sowohl den Text der Tieck'schen Edition von 1821 als auch den der Heidelberger Abschrift.

Seit Tiecks Erstdruck vor fast 200 Jahren wurde das Schauspiel oft verlegt. 1846 erschienen bei Reimer in Berlin, ebenfalls von Tieck herausgegeben, Kleists *Ausgewählte Schriften*, 1859 eine von Julian Schmidt revidierte, ergänzte Neuauflage der von Tieck herausgegebenen *Gesammelten Schriften*. Seit den 1880er Jahren wurden immer wieder, oft in rascher Abfolge, auf ein breiteres Publikum ausgerichtete Gesamtausgaben Kleists gedruckt, u. a. Eduard Grisebachs Ausgabe von 1883, Theophil Zollings *Sämtliche Werke* (1885), die als erste Ausgabe einen historisch-kritischen Anspruch erhoben, oder die von Rudolph Genée eingeleiteten *Sämtlichen Werke* (1888). Seit den 1890er Jahren erschienen zahlreiche Schul- und Volksausgaben des Schauspiels. Kleist, damals bereits zum Klassiker avanciert, fand in der literarisch interessierten Öffentlichkeit viel Aufmerksamkeit. Spätestens seit der Jahrhundertwende waren Kleists Werke in allen denkbaren Editionen für unterschiedliche Ansprüche zugänglich. Seine Position als kanonischen Autor befestigte jedoch v. a. die lange geplante fünfbändige kritische Gesamtausgabe von Erich Schmidt, Georg Minde-Pouet und Reinhold Steig. Bei ihrer Veröffentlichung (1904/5) wurde sie als überragende Editionsleistung gefeiert (vgl. Kanzog, *Edition und Engagement*, Band 1, 1979, S. 310). Die früheren Kleist-Ausgaben waren auf Initiative von Verlegern oder Privatgelehrten entstanden. Erich Schmidt war Professor für deutsche Sprache und Literatur an der Berliner Universität, die, so Klaus Kanzog, »damals mit Recht als das geistige Zentrum des deutschen Kaiserreichs angesehen werden« konnte (vgl. ebd., S. 279). Seine Ausgabe profitierte von dieser institutionellen Anbindung, sie war Teil des Forschungsprogramms der Universität. Schmidt war als Inhaber des wichtigen Berliner Lehrstuhls der »Exponent der preußischen Literaturwissenschaft schlechthin« (Lütteken 2004, S. 275). Sein Ziel war, so Anett Lütteken, nicht nur die Erstellung einer Textgrundlage für wissenschaftliche Zwecke, sondern auch »die Verknüpfung der Literatur Kleists mit den Zielen preußisch-deutscher Politik« (ebd., S. 276). Kleist wurde also als Repräsentant Preußens betrachtet – eine Deu-

Neuauflagen des Stücks

tung, die in seiner Wirkungsgeschichte eine lange Tradition entfaltet hat. Im frühen 19. Jahrhundert, unmittelbar nach dem ersten Erscheinen des Schauspiels *Prinz Friedrich von Homburg*, lenkten jedoch noch andere Interpretationsformeln den Blick auf sein Werk.

Rezeption

Am 21.11.1811 nahm sich Kleist, erst 34 Jahre alt, gemeinsam mit der unheilbar kranken Henriette Vogel das Leben. Sein Tod, der die Öffentlichkeit entsetzte, verstellte für lange Zeit den Blick auf sein Œuvre. Die Überzeugung, eines der größten literarischen Talente seiner Zeit sei am Unverständnis der Gesellschaft zugrunde gegangen, wurde später zum Fundament des »Kleist-Mythos«. Kleist wurde von seinem tragischen Ende her gelesen, die Biographie dominierte über seine Dichtungen. Die Zeitzeugen urteilten mit hoher Befangenheit. Der Schriftsteller wurde als Leidender, Kranker und am Leben Gescheiterter wahrgenommen. Sein Herausgeber Ludwig Tieck widmete einen Teil seiner Vorrede zu den *Hinterlassenen Schriften* (Berlin 1821) einem umfassenden persönlichen Porträt Kleists. Er betonte die Zerrissenheit des Dichters, der »weder in der Wirklichkeit noch in der Kunst das Glück und die Beruhigung finden konnte, die beim Schaffen unerläßlich, die, um die Beschwerden und Freuden des Lebens zu tragen, nicht zu entbehren sind« (Vorrede, S. XXII). Tieck versuchte mit großem Ehrgeiz, Kleists Werke zugänglich zu machen. Der zu Lebzeiten so oft verkannte Dichter sollte posthum endlich Anerkennung finden. In seiner häufig zitierten, für die spätere Rezeption prägenden Vorrede zu den *Hinterlassenen Schriften* zollt Tieck dem *Homburg* höchstes Lob:

> »Aus diesem Werke mußte man mit Recht die größten Hoffnungen schöpfen, daß in Kleist ein neuer Genius unsere Bühne betreten würde. [...] Die wichtige Frage, was Subordination sei, ob sie in einzelnen Fällen nicht verletzt werden dürfe, wird vor uns in Handlung, in Form eines großen dramatischen Prozesses entwickelt. Alles wird in den mannigfaltigen Situationen, durch das verletzte Gefühl des Prinzen, durch die Umstände selbst, durch die Freunde des Verurtheilten auf eine würdige Art ausgesprochen, und immer durch den großgezeichneten Charakter des Kurfürsten mit wenigen Worten zur Ruhe verwiesen. Der Prinz selbst erkennt nach einer großen Erschütterung sein Unrecht, er weiht sich dem Vaterlande und dem verletzten Recht, und die freie Begnadigung des

»Kleist-Mythos«

väterlichen Fürsten, die er sich weder durch Drohung, Ueber-
redung noch Ueberraschung ablisten ließ, beruhigt und be-
friedigt jedes Gefühl.

Der Charakter des Kurfürsten ist ein Meisterwerk, und be-
kundet schon für sich allein den gereiften Dichter. Nur wenigen ist es gelungen, so überzeugend Majestät hinzustellen, in
der sich Ernst, Kraft und Milde vereinigt, in jedem Momente
groß und edel, und immer menschlich, ohne je in die leeren
Reden und Bilder zu verfallen, mit denen schwächere Dichter
so oft die Charaktere ihrer Fürsten ausmahlen wollen. Für
dieses treffliche Porträt allein muß das Vaterland dem Dichter
dankbar sein. In diesem großen Sinne ist aber das Werk selbst
durchaus ein ächt vaterländisches Gedicht, nicht bloß ein
deutsches, so sehr es auch allen Deutschen angehört, sondern
vorzüglich noch ein brandenburgisches, ohne sich darum
auch nur mit einem Zuge in das Kleine, Abgeschlossene, Pro-
vinzielle zu verlieren. [...] Könnte das neue Theater in Berlin
wohl auf eine würdigere Art eröffnet werden, als mit diesem
Schauspiel, welches das Land, die Stadt, die Regenten und das
Glück des geliebten Fürstenhauses auf so einfache Weise verherrlicht? Durch ein Werk, welches zugleich an den Enthu-
siasmus mahnt, der das preußische Volk so stark und siegend
gegen den übermächtigen Feind machte, eine glänzende Pe-
riode der neuen Geschichte, deren Schimmer noch erfreulich
strahlt? [...]

Die Art, wie der Verfasser das Vergehn des Prinzen motivirt,
ist neu und merkwürdig, und hieran knüpft sich noch eine
Betrachtung, mit der der Herausgeber diese Bemerkungen
beschließen will. Die Vorliebe für gewisse Darstellungen,
die außerhalb der Natur liegen und deshalb unwahr sind, ist
in diesen Blättern einigemal bemerkt; es ist die Schwäche,
durch welche Kleist mit seinen jungen Zeitgenossen, über
welche er sonst weit hervorragt, zusammenhängt. Er hat diese
Stimmung auch in dieses sein reifstes Werk aufgenommen, sie
aber so künstlich und weise benutzt, daß dasselbe Schauspiel,
welches ganz im strengen historischen Styl gezeichnet ist,
durch seinen Anfang und das Ende zugleich den Charakter
eines wundersamen Märchens gewonnen hat, ohne an seiner

Würde und Einheit zu verlieren.« (*Heinrich von Kleists hinterlassene Schriften*, 1821, Vorrede, S. LXIII-LXIX)
Durch seine Herausgeberschaft stellte der romantische Dichter Ludwig Tieck die Weichen für Kleists frühe Wirkungsgeschichte. Kleist, von Romantikern wie Tieck, Friedrich de la Motte Fouqué und Adam Müller gefeiert, wurde selbst in die Nähe der romantischen Bewegung gerückt, eine Gegnerschaft zur Klassik und den vorherrschenden kulturellen Maßstäben der Zeit wurde vorausgesetzt (vgl. Lütteken 2004, S. 110). Als der v. a. als Hegel-Herausgeber bekannte Heinrich Gustav Hotho (1802–1873) in seiner Rezension der *Gesammelten Schriften* von 1826 den *Homburg* besprach, ließ er den Leser deutlich sein Unbehagen spüren. Zu sehr schienen ihm Kleists Werke dem klassischen Ideal von Maß, Ordnung und Klarheit zu widersprechen:

H. G. Hothos Rezension

»Nennt ihn doch Tiek immer den verkannten Dichter, und bemüht sich vergebens, das Publikum für die Werke seines Freundes zu begeistern. Doch diese Werke können und dürfen ihrer Natur nach nur einem kleinen Kreise zur Freude und Erholung dienen. Die inneren Stimmungen und Verstimmungen des Gemüthes, das Widerstreben der äußeren Zufälligkeit, ihr gespenstiges Verkünden einer höheren Welt, jene tiefste, lautlose, verschlossene Innerlichkeit, welche in sich webend und verschwebend unmittelbar aus dem Vergessen aller sonst gültigen, menschlichen und göttlichen Wirklichkeit das höhere Wissen von einer göttlichen Welt schöpfen soll, und dann doch keine weitere Kunde erhält, als die von erfüllten Liebesträumen, – die ganze Darstellung überhaupt der mehr oder minder *inhaltslosen* Verhältnisse des inneren Selbstbewußtseyns und des Wissens von der äußeren Welt, diese dramatische Psychologie, wie vollendet sie auch ausgeführt seyn mag, kann niemals auf allgemeinere Anerkennung Anspruch machen.« (Heinrich Gustav Hotho: Besprechung von: Heinrich von Kleist, Gesammelte Schriften: hg. von Ludwig Tieck, Berlin 1826. In: *Jahrbücher für wissenschaftliche Kritik* (1827), Nr. 85–92, Sp. 685–724, zit. n.: Kanzog, *Text und Kontext*, 1979, S. 43)

Die klassische und idealistische Ästhetik verwarf Kleists Schauspiel als Beispiel einer dunklen, krankhaften Romantik, die die dissonanten Seiten der menschlichen Existenz, Unvernunft, Wahnsinn, Form- und Regellosigkeit, in den Vordergrund rückte. Hotho kritisierte, dass im *Homburg* »abnorme Zustände, die nur für die Arzneikunde und allenfalls für die moderne Kriminaljustiz von Interesse sind, wenn sie occulten Wahnsinn mit in ihr Bereich zieht, als tragische Verhältnisse« behandelt werden: »Bis jetzt hatten nur die ewigen Mächte des Lebens und Unterschiede des Charakters den Grund für tragische und komische Collisionen abgegeben. Bey Kleist aber werden plötzlich solche psychologische, zufällige Krankheiten der tragische Hebel, der Magnetismus mit all seinen dunkeln Regionen bemächtigt sich auch der Kunst, wie er sich eines großen Theils einer seelenkranken Gegenwart bemächtigt hatte. Dieß ist es, was das Publikum von solch einem Prinzen von Homburg immer zurückstoßen wird.« (Heinrich Gustav Hotho: Über Kleists Schauspiel »Prinz Friedrich von Homburg« und die erste Berliner Aufführung (1828). Aus: *Morgenblatt für gebildete Stände*, Jg. 22 (1828), Nr. 277–281, zit. n.: Kanzog, *Text und Kontext*, 1979, S. 52)

Das Werk wurde als Ausdruck eines verwirrten Gemüts gelesen, vor dessen Weltsicht gewarnt werden musste. Dieses Urteil zieht sich in verschiedenen Variationen durch die Literaturgeschichtsschreibung des 19. Jahrhunderts und übermittelte sich bis in den

Th. Fontanes Kritik Realismus. So schrieb Theodor Fontane (1819–1898) in einer privaten Aufzeichnung aus dem Jahre 1872, dass »solche Prinzen von Hessen-Homburg« »keinen gesund empfindenden Menschen interessieren« dürfen:

»Es sind eitle, krankhafte, prätentiöse Waschlappen, aber keine Helden; Kerle, die in Familie, bürgerlicher Gesellschaft, staatlichem Leben immer nur Unheil gestiftet haben und die immer nur in kranker Zeit oder von kranken Gemütern gefeiert worden sind.

Ein Prinz, ein Reiterführer, ein Held, wenn das Vaterland einem übermächtigen Feinde gegenübersteht, der 50 Jahre lang Europa mit seinem Kriegsruhm gefüllt hat, und der nächste Tag die blutige Entscheidung bringen soll, ein solcher Prinz und Held knöpft die Ohren auf, wenn der Feldmarschall die Dispositionen für den Angriff gibt, und steht nicht schlafwandelnd, geistesabwesend daneben, bloß weil eine Prinzessin, für die er eine Neigung empfindet, in der Nähe steht und einen verlorengegangenen Handschuh sucht. [...] Die Schaustellung solcher Kleinheit und Misere, in Gestalten, die erheben sollen, gehört nicht in die Kunst.« (Sembdner, Nachruhm, 1977, Nr. 575, S. 552 f.)

Auch die Tatsache, dass das Schauspiel die Gattungskonventionen der Tragödie unterlief, weckte Misstrauen. Die unerwartete, als komödienhaft empfundene Rettung des Prinzen erschütterte die Sehgewohnheiten der Zeit. Noch mehr aber störte man sich an seiner offen zur Schau gestellten Todesfurcht: Sie erschien als Grenzüberschreitung, da sie einerseits dem Verhaltenskodex eines preußischen Offiziers widersprach, sich andererseits mit der Vorstellung tragischer Größe nicht vereinbaren ließ. Das Schauspiel scheint dies selbst zu wissen: »Ein unerfreulich, jammernswürd'ger Anblick. / Zu solchem Elend, glaubt' ich, sänke keiner, / Den die Geschicht als ihren Helden preis't.« (Vers 1166–68) klagt Homburgs Geliebte Natalie. Friedrich Hebbel (1813–1863), einer der bedeutendsten deutschen Dramatiker des 19. Jahrhunderts und ein großer Verehrer Kleists, versuchte, den Prinzen als tragischen Helden zu retten. In einem Artikel für die *Österreichische Reichszeitung* (3./6.2.1850) erklärte er, dass im *Homburg* »durch die bloßen Schauer des Todes, durch seinen hereindunkelnden Schatten, erreicht worden ist, was in allen übrigen Tragödien (das Werk ist eine solche) nur durch den Tod selbst erreicht wird: die sittliche Läuterung und Verklärung des Helden« (Sembdner, Nachruhm, 1977, Nr. 565, S. 539).

F. Hebbel

Die inneren Widersprüche des Dramas, die ergreifende Todesfurcht des Helden, seine Gedankenversunkenheit, die Verschmelzung von Traum und Wirklichkeit mögen heute den besonderen Reiz des Stückes ausmachen. Für das an der Klassik geschulte Publikum des frühen 19. Jahrhunderts waren sie in erster Linie ein Bruch mit dem Gewohnten, der ihm den Zugang verstellte. Dies spiegelt die Bühnengeschichte deutlich wider, denn Theateraufführungen folgen den Deutungsmustern ihrer Zeit. Frühe Bühnenbearbeitungen glätteten Kleists Text, schliffen Schroffheiten ab und strichen Fragwürdiges. Oft wurde der

Bühngeschichte

erste Auftritt ausgelassen, denn die mondsüchtigen Träumereien des Helden, eines preußischen Generals immerhin, erschienen als unpassend. Dem Publikumsgeschmack und höfischen Empfindlichkeiten entsprechend wurde die Todesfurchtszene (III/5) gekürzt. Die Uraufführung am 3.10.1821 am Wiener Burgtheater unter der Regie von Joseph Schreyvogel (1768–1832) trug den von der Zensur geforderten Titel *Die Schlacht von Fehrbellin*. Auf Betreiben von Erzherzog Karl wurde das Stück wieder abgesetzt. Noch 1821 folgten weitere Aufführungen in Breslau, Frankfurt am Main, Graz und Dresden. In Berlin durfte das Stück jedoch nicht aufgeführt werden, was Heinrich Heine (1797–1856) in seinen *Briefen aus Berlin* (Rheinisch-Westphälischer Anzeiger, Dortmund, 19.4.1822) bedauerte:

> »Es ist jetzt bestimmt, daß das Kleistische Schauspiel ›Der Prinz von Homburg oder die Schlacht bei Fehrbellin‹ nicht auf unserer Bühne erscheinen wird, und zwar, wie ich höre, weil eine edle Dame [Prinzeß Wilhelm v. Preußen] glaubt, daß ihr Ahnherr in einer unedeln Gestalt darin erscheine. [...] Was mich betrifft, so stimme ich dafür, daß es gleichsam vom Genius der Poesie selbst geschrieben ist [...].« (Sembdner, Nachruhm, 1977, Nr. 553, S. 521 f.)

Erst am 26.7.1828 erlebte das Stück in der Bearbeitung Ludwig Roberts (1778–1832) in Berlin seine Premiere. In einem Vorbericht, der am Tag der Uraufführung in den *Berlinischen Nachrichten von Staats- und gelehrten Sachen* erschien, bereitete Robert vorsichtig sein Publikum auf Kleists Heldenfigur vor, die Befremden zu wecken drohte:

> »Trotz der Aristotelischen Regel nehmlich, daß kein dramatischer Held fleckenlos dargestellt werden dürfte, hatte sich doch die neue Zeit daran gewöhnt, den Muth der dramatischen Kriegshelden nie und nimmer wanken zu sehen. Lebens- und Todesverachtung war ihnen so eigen, so unerläßlich und so leicht, wie der Rose Wohlgeruch, der Sonne Licht, dem Vogel Schnelle. – Daß es der höchste Grad der Sittlichkeit ist, wenn uns die Tugend kein Opfer mehr kostet, wird wohl von Niemand bestritten werden; aber Aristoteles schon und in neuern Zeiten, Lessing u. a. thun es dar, daß ein Ideal der höchsten Sittlichkeit keinen dramatischen Helden giebt. –

Kommentar

Dies hat Kleist empfunden und erwogen, und deßhalb läßt er den Prinzen von Homburg tief in Todesschauer versinken, läßt die Zuschauer vor dem tiefen Fall erschrecken, um ihn dann um so höher und im Strahlenglanze des Muthes zu erheben. Erst dadurch wird sein Held wahrhaft dramatisch, d. h. wir können sein inneres Leben mit ihm leben.« (*Berlinische Nachrichten von Staats- und gelehrten Sachen* [*Spenersche Zeitung*], 26.7.1828, Nr. 173, unpag.)

Nach der dritten Vorstellung erließ König Friedrich Wilhelm III. ein Verbot weiterer Aufführungen und verfügte, dass das Stück niemals wieder gezeigt werden solle (vgl. Kanzog 1977, S. 255). Doch bereits 13 Jahre später war die ablehnende Haltung des preußischen Hofs verschwunden: Geradezu offizielle Weihen erhielt das Schauspiel, als es am 15.10.1841 in Berlin zur Geburtstagsfeier des für Kunst und Literatur sehr empfänglichen Königs Friedrich Wilhelm IV. (1795–1861) aufgeführt wurde. Seit der Jahrhundertmitte fand sich das Drama regelmäßig auf den Spielplänen. Nach und nach wurde es zu einem höfischen Repräsentationsstück erhoben. Oft wurden einzelne Szenen, v. a. die Schlachtszenen, an nationalen Gedenktagen aufgeführt. Parallel zu Preußens Aufstieg in der zweiten Hälfte des 19. Jahrhunderts setzte sich eine politisch-patriotische Deutung des Stücks durch. Die politische und militärische Erfolgsgeschichte Preußens sollte auch auf kulturellem Gebiet fortgeschrieben werden. So las man Kleists Werke als Glorifizierung Preußens, feierte man den Dichter als Repräsentanten des Preußentums und Propheten der Nation (vgl. Lütteken 2004, S. 131–141). Der preußische Literarhistoriker August Koberstein (1797–1870) zählte den *Homburg* zu jenen »echte[n] und großartigen[n] Dichtungen«, »die so durch und durch vaterländischen Geist und edles Nationalgefühl athmen, wie kaum ein anderes poetisches Werk von gleichem Range aus dem nicht preußischen Deutschland« (Koberstein 1858, S. 269). Der preußische Hofhistoriograph Heinrich von Treitschke (1834–1896) erkannte im *Homburg* die »idealste Verherrlichung des deutschen Soldatenthums« (Treitschke 1858, S. 619). Die Inszenierungen und Deutungen jener Zeit rückten oft die Figur des Kurfürsten als Symbol staatstragender Autorität in den Vordergrund, lehnten

Aufführungsverbot

Höfisches Repräsentationsstück

die romantischen Elemente des Stücks jedoch ab, die Verschmelzung von Traum und Wirklichkeit wie auch die Selbstüberhebung und die Todesfurcht des Prinzen, der als Muster für heroische Tugenden so wenig geeignet schien. So erklärte Reichskanzler Otto von Bismarck (1815–1898) noch 1889, dass das Stück nur wirken könne, »weil es den Großen Kurfürsten behandelt«: »Denn dieser Prinz ist doch ein schwaches Rohr – mit seiner Todesfurcht.« (Sembdner, Nachruhm, 1977, S. 330, Nr. 360)

Bismarcks Verdikt

Im wilhelminischen Kaiserreich wurde Kleist – »als Patriot, als Märtyrer und als Seher« (Lütteken 2004, S. 151) – Teil der nationalen Mythologie. Wilhelm II. (1859–1941) zählte den *Prinzen von Homburg* zu seinen Lieblingsstücken (vgl. Sembdner, Nachruhm, 1977, Nr. 584, S. 567). In dieser ideologisch aufgeladenen Zeit geriet das Drama zwischen die Fronten. Der marxistische Historiker Franz Mehring (1846–1919) projizierte die Klassenkampf-Problematik in das Werk hinein und versuchte, Kleist falsches Geschichtsbewusstsein nachzuweisen. Kleist habe »das hohe Lied der Subordination« gesungen und versucht, »das Altpreußentum in seiner Mischung von Brutalität und Stupidität in die Sphäre der Kunst zu heben« (ebd., Nr. 588, S. 571). Verehrer wie Gegner des Dramas reduzierten es auf seine politische Lesart und sahen dabei über seine Vieldeutigkeit hinweg. Der Kunstcharakter des Stücks trat in den Hintergrund. Die Deutungen, die sich im Kaiserreich herausgebildet hatten, setzten sich in der Weimarer Republik fort. Das Urteil des Literaturtheoretikers Georg Lukács (1885–1971) prägte die weitere marxistische Rezeption des Stücks. In seinem 1936 entstandenen Aufsatz *Die Tragödie Heinrich von Kleists* schrieb er:

Marxistische Rezeption des Stücks durch Mehring und Lukács

»Prinz Friedrich von Homburg ist Kleists erstes und einziges Drama mit einem Konflikt zwischen Individuum und Gesellschaft. Teilnahme am nationalen Befreiungswerk spiegelt sich hier in der dramatischen Weiterentwicklung wider, wenn Kleist sich auch an diesen Kämpfen auf der reaktionärsten Seite beteiligt hat. Denn die dramatische Fragestellung des ›Prinzen von Homburg‹, der Konflikt, steht im engsten Zusammenhang mit den Bestrebungen der preußischen Reformer, mit dem Versuch einer inneren Erneuerung Preußens aus dem erwachten nationalen Gefühl heraus. Aber gerade hier treten die Konsequenzen von Kleists altpreußischem Junkertum dichterisch zutage. Die Erneuerung des Preußentums aus dem Gefühl heraus hat bei ihm keinen objektiv-geschichtlichen Inhalt, bleibt eine subjektiv-individualistische Empörung und wächst dann zu einer subjektiv-individualistischen Bejahung und Begeisterung. [...] Das unveränderte Altpreußen triumphiert also über die individualistische Gefühlsrevolte.« (Lukács 1964, S. 218 f.)

Bertolt Brecht (1898–1956) fasst seine Kritik an dem Heroismus-Ideal, das er aus dem Stück herauslas, in ein Sonett. Der Prinz, durch den Fürsten in Todesangst versetzt, füge sich am Ende in die Gemeinschaft seiner Unterdrücker ein:

B. Brechts Kritik an dem Heroismus-Ideal

Oh Garten, künstlich in dem märkischen Sand!
Oh Geistersehn in preußischblauer Nacht!
Oh Held, von Todesfurcht ins Knien gebracht!
Ausbund von Kriegerstolz und Knechtsverstand!

Rückgrat, zerbrochen mit dem Lorbeerstock!
Du hast gesiegt, doch wars dir nicht befohlen.
Ach, da umhalst nicht Nike dich! Dich holen
Des Fürsten Büttel feixend in den Block.

So sehen wir ihn denn, der da gemeutert,
Mit Todesfurcht gereinigt und geläutert,
Mit Todesschweiß kalt unterm Siegeslaub.

Sein Degen ist noch neben ihm: in Stücken.
Tot ist er nicht, doch liegt er auf dem Rücken
Mit allen Feinden Brandenburgs in Staub.

(Erschienen in: *Die neue Weltbühne*, Paris, 15.6.1939; Sembdner, Nachruhm 1977, Nr. 595, S. 576 f.)

Neben die verschiedenen politischen Interpretationen des Werks trat im Lauf der Zeit eine eher immanente Deutungsrichtung, die den *Homburg,* obgleich ein Geschichtsdrama, nicht

Immanente Deutungsrichtung

allein vor der Folie historischer Fakten betrachten wollte. Sie wandte sich einem ganzen Spektrum an Fragen zu: der Darstellung des Gefühls, der Schuld des Prinzen, dem Phänomen des Tragischen, der Sprache. In diese Kategorie fällt etwa die einflussreiche Deutung von Max Kommerell (*Die Sprache und das Unaussprechliche*, 1937). Die nationalsozialistische Rezeption bediente sich wiederum der Versatzstücke des politischen Kleist-Mythos, weshalb der *Homburg* nach 1945 diskreditiert erschien. Preußen war ausgelöscht, als Staat, Idee und Lebensform, und auch seinem Gründungsmythos um die Schlacht bei Fehrbellin begegnete man mit Misstrauen. Konnte man das Stück lieben, wenn »bei dem Kanonendonner, der den Prinzen zurück ins Leben ruft, sich die schlimmsten Assoziationen einstellten?«, fragte Ingeborg Bachmann (*Ausgewählte Werke*, Bd. 1, *Gedichte, Hörspiele, Schriften*, Berlin/Weimar 1987, S. 639, Entstehung eines Librettos). Bei der Rehabilitierung Kleists sollte das Bild des patriotischen Dichters aus den Köpfen getilgt werden. Die Wiederentdeckung des *Homburg* ging von der zunächst in Avignon (15.7.1951), dann in Paris gezeigten, enthistorisierenden Inszenierung des Théâtre nationale populaire unter der Regie von Jean Vilar aus. Durch Gastspiele wurde sie auch in Deutschland bekannt (vgl. Kanzog 1977, S. 258). Am 22.5.1960 wurde an der Hamburgischen Staatsoper Hans Werner Henzes (*1926) Oper *Der Prinz von Homburg* uraufgeführt, unter der Regie von Helmut Käutner (1908–1980). Das Libretto richtete Ingeborg Bachmann (1926–1973) ein. Unter dem Einfluss der berühmten Inszenierung Vilars versuchte sie, dem Werk einen betont antipreußischen und antimilitärischen Charakter zu geben und die historischen und patriotischen Elemente zurückzudrängen (vgl. ebd., S. 264). Von nationalistischen Vereinnahmungen sollte das Stück geläutert werden. Der Prinz wurde als Träumer verherrlicht, und ihm wurde eine geradezu antinationale Haltung angedichtet, die sich aus dem Dramentext jedoch nicht herauslesen lässt. Damit setzte sich jene Tendenz fort, die sich schon bei den ersten Bühnenbearbeitungen im frühen 19. Jahrhundert gezeigt hatte: Der *Homburg* galt als reizvoll, war aber ohne Eingriffe dem Publikum nicht zuzumuten. Deutungsformeln veralteten und wurden von an-

I. Bachmann

Wiederentdeckung des Homburg

deren abgelöst, das Misstrauen Kleist gegenüber blieb bestehen. Seine Werke, die so oft ideologisch vereinnahmt worden waren, hatten ihre Brisanz nicht verloren.

Die – wenn auch verkürzende – Lesart der Nachkriegszeit befreite das Stück aus den früher konstruierten Zusammenhängen. Wenn sie die Welt des Traums feiert, die existentielle Kraft des Stücks hervorhebt und dabei alles Geschichtliche zurückdrängt, zeigt sie sich als legitimer und zweifellos notwendiger Ausdruck ihrer Zeit. Dennoch lässt sich der *Homburg* von seiner historischen Färbung nicht reinwaschen, und Kleists Deutung als Dichter der Preußen bleibt unabänderlicher Teil seiner Wirkungsgeschichte.

Eine politische Interpretation des Stücks setzte sich dagegen in der DDR-Rezeption durch: Sie betonte v. a. Kleists rebellische Züge und versuchte, ihm progressive Tendenzen zuzuschreiben. Die westdeutsche Nachkriegsgermanistik, die lange eine Vorliebe für immanente *Homburg*-Deutungen zeigte, wandte sich den historischen Hintergründen des Stücks erst seit den 1970er Jahren wieder stärker zu. In den Kontext dieser Bemühungen gehört der materialreiche Kommentar von Klaus Kanzog (1977), der viele Quellen erschloss.

Zu den Anfängen der Deutungsgeschichte kehrte die wirkmächtigste Inszenierung des *Homburg* nach 1945 zurück. Peter Steins Bearbeitung unter dem Titel *Kleists Traum vom Prinzen Homburg*, deren Premiere am 4.11.1972 in der Schaubühne am Halleschen Ufer (Berlin) stattfand, schrieb Theatergeschichte. Sie griff auf den vielleicht ältesten Topos der Kleist-Interpretation zurück: auf die biographische Lesart. Das Schauspiel sei, schreibt Dramaturg Botho Strauß (*1944) unter dem Stichwort »Traum« im Programmheft,

P. Steins Bearbeitung

»eine helle, logische, schwebend-stabilisierte Traum-Konstruktion, die alle Bezeichnungen von Realität – der historischen Situation der Kurmark Brandenburg von 1675 ebenso wie jener des Preußenstaats von 1810 – entwirklicht und transformiert in Bezeichnungen der Wunsch- und Projektions-Fantasie des Autors Kleist. [...] Dementsprechend wird man dem Schauspiel und seinen Figuren wohl nur gerecht, wenn man sie in Beziehung zur realen Biografie Kleists verstehen lernt [...]« (Programmheft Heinrich von Kleist, Prinz Friedrich von Homburg. Schaubühne am Halleschen Ufer, unpag.)

Hajo Kurzenberger beschreibt, wie in der Schlussszene von Steins Inszenierung die Titelfigur der Person des Dichters gegenübergestellt wird:

»Und während der Zug langsam sich vorwärtsbewegt und die Offiziere den Helden-Prinzen auf die Schultern heben, endet das Schauspiel scheinbar dort, wo es begonnen. Doch Kleists dramatische Schlußkurve – so zeigt Stein – ist trügerisch. Die Gesellschaft zieht mit einer leblosen Puppenkopie des Prinzen hinweg, hält ein Idol hoch, von dem sie auch gleich ideologischen Gebrauch macht: im tumultuarischen Siegesruf. Die hohle Legende des Genius wird zur Kraftquelle für den nationalen Befreiungskampf. Zurück bleibt allein in der vorderen Bühnenhälfte der lebendige Prinz, der Dichter Heinrich von Kleist, der sich gebückt, mit zerwühltem Haar auf das Grab zu bewegt. So legt Stein mit scharfer Brechung fast deiktisch das Illusionäre des Kleistschen Traums vom Prinzen von Homburg bloß. Doch der optisch plakative Schluß ist nicht schon das Ende, das den Vorhang fallen und alle Fragen offen läßt. Mit warmer Eindringlichkeit spricht Jutta Lampe, die Darstellerin der Natalie, aus dem Off die letzten Worte und setzt damit gegen die von Kleist im Homburg vollendete Kunstform die Wahrheit seiner realen Existenz: ›Ein Traum, was sonst?‹ Heinrich von Kleist erschoß sich im Herbst 1811 am Kleinen Wannsee in Berlin, ein halbes Jahr nach Vollendung des ›Prinzen von Homburg‹. Am Morgen seines Todes schreibt er an seine Schwester: ›Die Wahrheit ist, daß mir auf Erden nicht zu helfen war.‹« (Kurzenberger 1977, S. 240)

Der Kreis mag sich mit dieser Deutung schließen, der Autor des *Homburg,* einer der bedeutendsten und meistgespielten deutschen Dramatiker, tritt dem Zuschauer als jener unglückliche Dichter entgegen, dem auf Erden nicht zu helfen war. Doch wird eine solche Sichtweise dem Schauspiel wirklich gerecht? Der Kleist-Biograph Gerhard Schulz bezweifelt dies:

»Kleists Drama führt an die Grenzen der menschlichen Existenz und über sie hinaus, ja es bewegt sich stärker noch als alle seine anderen Werke im ›Gefild des Todes‹. Darin besteht das Erregende, Beunruhigende, Gewagte an ihm. Aber würde das Unsterblichkeits-Pathos einer Dramengestalt dereinst ausreichen, den eigenen, wirklichen Tod leichter zu ertragen? Darauf läßt sich nicht antworten. Keinesfalls war Kleists Drama jedoch bereits eine Art Generalprobe für seinen eigenen freiwilligen Tod. In dem Moment, da Kleist das Manuskript seines Schauspiels der höfisch-preußischen Öffentlichkeit präsentierte, war er kein zum Tode müder Autor.« (Schulz 2007, S. 506 f.)

Kleist selbst hätte wohl einer Deutung von seinem Tode her widersprochen. Er wollte mit seinem Drama glänzen, was ihm zu Lebzeiten jedoch versagt blieb. Doch der *Homburg* ist durch seinen Perspektivreichtum unsterblich geworden.

Aspekte der Deutung

Das Stück eröffnet durch seine inneren Widersprüche weite Spielräume für unterschiedliche Lesarten. Schon in der ersten Hälfte des 20. Jahrhunderts hatten sich konkurrierende Deutungslinien herausgebildet, politische, werkimmanente oder psychoanalytische, die an keinem Punkt zu einer harmonisierenden Gesamtinterpretation zusammenliefen. Spätere Auslegungen setzten sich oft noch in Opposition zu all diesen Modellen.

Leitfrage vieler Lektüren Dennoch ist die unausgesprochene Leitfrage vieler Lektüren, wie sich die Titelfigur des Prinzen im Zusammenhang des Dramas betrachten und mit den eigenen interpretatorischen Vorentscheidungen in Einklang bringen lässt. Denn sie setzt einen Kontrapunkt zu jeder Deutung, die eine inhaltliche und formale Geschlossenheit behauptet. Ebenso widersetzt sie sich jeder einseitigen politischen Inanspruchnahme des Schauspiels. Als romantischer Antiheld irritierte Homburg, blieb sperrig, rätselhaft und durch keine Auslegung ganz zu erfassen. »Homburg, der Hysteriker« bringt unüberhörbare Dissonanzen in das Stück

A. Kerr hinein, schrieb 1925 der berühmte Theaterkritiker Alfred Kerr (1867–1948) im *Berliner Tageblatt*:

>»Homburg, der Hysteriker, wird vor Glück ›ohnmächtig‹. Homburg, der Hysteriker, fleht bei Tanten kniend um Hilfe. Homburg, der Hysteriker, nimmt von der Natalien keinen Abschied, weil er, nach dem Heldenentschluß, wieder seinen Umfall fürchtet. Homburg, der Hysteriker, läßt sich von dieser Natalie sein Heldentum erst halb und halb einflößen. Er sagt zuvor offen, weil es um alles geht, daß er auf Natalie pfeift. Sie soll machen, daß sie wegkommt. Und er ist, überdies, Nachtwandler ... Solche Zwischentöne klingen tiefer, dringender, länger als der Dur-Akkord am Schluß. Ein Muß-Dur. Den Erfolg der Aufführung macht aber der Dur-Akkord ...« (Sembdner, Nachruhm, 1977, Nr. 592, S. 574)

Vor allem die Deutungen des 19. Jahrhunderts taten sich mit dieser Heldenfigur schwer: Sie verurteilten Homburgs Träumereien und seine Todesfurcht oder wandten große Mühe auf, beides zu rechtfertigen, und oft erklärten sie sogar den Kurfürsten zur heimlichen Hauptfigur. Mit der literarischen Moderne zu

Beginn des 20. Jahrhunderts änderte sich jedoch die Perspektive. Aus ihren Bausteinen, einer fragmentierten Weltsicht, ästhetischer Selbstreflexivität und der Suche nach neuen Ausdrucksformen, ließ sich das Fundament formen für eine neue, bis heute anhaltende Tradition von *Homburg*-Deutungen. Aus Kleists Drama werden seitdem v. a. die Gebrechlichkeit des modernen Individuums und die Zweifelhaftigkeit seiner Wirklichkeitserfahrung herausgelesen. Gert Ueding betont die »unversöhnliche Dissonanz, die den Prinzen verstört und zugrunde richtet« (Ueding 1987, S. 264): G. Ueding

> »Durchs Medium des Historienstücks zeigt Kleist sein sehr gegenwärtiges und zugleich ein zukünftiges Drama, das die moderne Literatur bis heute beschäftigt: das Individuum als Regelverletzung, als Unsicherheitsfaktor in einer Welt der instrumentellen Vernunft, in der Menschen nur als Werkzeuge noch überleben.« (Ebd., S. 267 f.)

Der träumende Prinz, der die klassische Heldenrolle so schlecht ausgefüllt hatte, wandelte sich also in ein modernes, komplexes Ich, einsam, zerbrochen und nicht mehr Herr im Hause. Auch in seinem Umgang mit Träumen offenbart sich die Krise der Welterfahrung: Anfangs glaubt er, dass die Wirklichkeit der Dramaturgie seiner Träume folgt. Ich und Welt spiegeln einander wider und gehen ineinander über. Doch der Lauf der Dinge erweist sich als nicht vorhersehbar, Homburgs Sicht auf die Welt als trügerisch. Einige Interpreten deuteten die Entwicklung des Prinzen als Erziehungsprozess, an dessen Ende er den Vorrang des Gesetzes vor seinem subjektiven Empfinden anerkennt. Max Kommerell (1902–1944) erklärt, dass der Träumer am Anfang »befremdlich hingedehnt ist in der Wollust der Selbstversunkenheit« (Kommerell 1940, S. 252 f.). Der Schlaf ist »die Verschlossenheit des Sinnes für das Wirkliche« (ebd., S. 253), gleichwohl träumt der Prinz »die Wahrheit des Selbst« (ebd., S. 254). Die erträumte Wahrheit müsse lediglich von der Selbstbezogenheit gereinigt und das verwirrte Gefühl zu sich selbst befreit werden. Viele Auslegungen sehen jedoch im Traum jene Widersprüche poetisch versöhnt, die in der Wirklichkeit bestehen, die Gegensätze von Individuum und Gesellschaft, Gefühl und Gesetz, Freiheit und Pflicht. Am Ende befindet sich der Prinz wieder M. Kommerell

»in jenem sonderbaren Zwischenzustand, in welchem die Grenzen von Wirklichkeit und Möglichkeit verschwimmen« (Ueding 1987, S. 263). Denn die Schlussszene führt »ringkompositorisch an den Anfang zurück« (ebd.). Somit scheint sie der oft wiederholten Erziehungsthese zu widersprechen: Der Träumer behält recht, seine Vision verschmilzt mit der Wirklichkeit. Nun erscheint es wieder zweifelhaft, ob der Prinz durch die Konfrontation mit der Realität zurechtgeschliffen wird. So erklärt Gerhard Fricke:

G. Fricke

> »Indem sich aber am Ende buchstäblich, wenn auch in zunächst nicht zu ahnender Erhöhung erfüllt, was der Traum am Anfang verhieß, behält auch der Wunschtraum des Beginns in gewissem Sinn Recht, enthüllt sich das tiefere Recht des Prinzen, so zu träumen, bewährt sich die jeden Sturz und jede Wandlung überdauernde Einheit seines Wesens. Das macht uns von vornherein mißtrauisch gegen die verbreitete Meinung, als wandle sich hier selbstsüchtiges Glücksverlangen in selbstlose Unterordnung unter Gesetz und Idee.« (Fricke 1951/52, S. 189)

B. v. Wiese

Benno von Wiese versucht in seiner abwägenden Deutung, das Recht des Traumes und den tragischen Konflikt miteinander in Einklang zu bringen:

> »Erst als tragischer Held erfährt der Prinz, wer er ist. Er erkennt sich selbst, so wie sich die Liebenden, Homburg und Natalie, trotz allen täuschenden Scheins der Worte erkennen. Damit gewinnt der Mensch seine höchste, seine göttliche Freiheit zurück. Als der Widerspruch von träumendem Ich und Wahrheit der Wirklichkeit ein Äußerstes erreicht hat und die Seele bereits ihren Tod gestorben ist, da ereignet sich das nicht mehr märchenhafte, sondern tragisch-übertragische Wunder der Wiedergeburt, der Eintritt des an der Grenze des Lebens stehenden Menschen in eine Freiheit, die dem Tode benachbart ist. [...]
> Am Ausgang des Ganzen siegt der Traum über den Tod. Aber diese Verklärung des Siegers von Fehrbellin, der nicht stirbt, sondern dem Leben zurückgegeben wird, ist nicht mehr ein Märchen, das der Wirklichkeit erst aufgezwungen werden muß, sondern ist Heilsvorgang im Irdischen selbst, Not-Wen-

de, Gottes-Gnade inmitten einer tragisch gesehenen Welt. Die Voraussetzung für dieses Glück der Gnade, das vom fühlenden Ich zunächst nur in der Form der Ohnmacht ertragen werden kann, liegt in jenem Durchbruch zur absoluten Freiheit, die auf dem Höhepunkt des Tragischen erfolgte.« (B. von Wiese 1958, S. 339 f.)

Dem Todesurteil wird oft eine kathartische Funktion zugeschrieben: Nimmt Homburg das Urteil an, erringt er dadurch seine Freiheit und erkennt seine Identität. Es initiiert, so Gert Ueding, den »Bildungsgang des Individuums zu freiem Selbstbewußtsein« (Ueding 1987, S. 266). Erst die Todesfurcht, so Hinrich C. Seeba, lässt den Prinzen von dem Glauben abrücken, aus seinen Traumvisionen verbindliche Rückschlüsse auf den realen Lauf der Dinge ziehen zu können:

H. C. Seeba

»Im Rahmen des heilsgeschichtlichen Dreischritts wird die Begnadigung des Prinzen erst möglich nach der gründlichen Zerstörung der falschen Gewißheit, der Weltlauf würde berechenbar durch eine Analogie verschiedener Erkenntnismodi, wie sie Traumvision und Wirklichkeitserfahrung darstellen. Schon ›des Todes schuldig‹ gesprochen (V. 720), ist sich der Prinz der Begnadigung noch ›so gewiß‹ (V. 828), weil er nach dem Doppelsieg in der Schlacht und über Natalie, als wäre dieser Triumph nur die selbstverständliche Einlösung des im Traum Versprochenen, auf der Logik eines verbindlichen Zeichensystems beharrt [...]. Das Interpretationsmodell des rettenden *deus ex machina* muß erst seine Selbstverständlichkeit verlieren, damit es wieder gelten kann, und die unbekümmerte Ignoranz des vermeintlich Wissenden (V. 880 ›Du hörst, ich weiß von Allem.‹) muß erschüttert werden, bevor ein echtes Selbstbewußtsein entstehen kann. Die Zerstörung der falschen Traumsicherheit ist die Voraussetzung für die traumhafte Erlösung des Verunsicherten.« (*Heinrich von Kleist: Sämtliche Werke und Briefe in vier Bänden*, Bd. 2, S. 1234 f.)

Viele *Homburg*-Deutungen umkreisen also die Frage, ob die Wunscherfüllung am Ende die Traumvision des Anfangs bestätigt. Ist die Welt nun doch so, wie der Prinz sie sich vorgestellt hat? Hat er recht, wenn er an die prophetische Kraft seiner

Träume glaubt? Ohne eine eindeutige Antwort stehen ganze Gebäude von Interpretationen nur auf unsicherem Fundament – und dennoch scheint das Problem nicht zu klären zu sein.

Rolle des Kurfürsten

Von Anfang an durchzieht auch die Frage nach der Rolle des Kurfürsten die verschiedenen *Homburg*-Deutungen. Frühere Auslegungen betonten seine Überlegenheit, so erblickt Walter Müller-Seidel in ihm den heimlichen Lenker des Geschehens:

> »Ohne sich lange zu besinnen, entschließt sich der Kurfürst, an Homburg den Brief zu richten, der die Wendung des Geschehens zur Folge hat. Er einzig ist es, der den Prinzen in die Erkenntnis seiner selbst führt, und er ist dabei nicht eigentlich als dessen Gegenspieler zu betrachten. Eher mutet er an wie der geheime Regisseur, der auf einer anderen Ebene agiert. Den Forderungen seiner Offiziere gegenüber verhält er sich wissend und überlegen. Er ist in diesem Drama die überlegene Figur schlechthin. Dem Gott im Faustprolog vergleichbar, scheint er zu wissen, daß er seinen ›Knecht‹ noch in die Klarheit führen wird. Obwohl kein Gott, erinnert er in seiner Überlegenheit an eine gottähnliche Gestalt: ›Der Kurfürst, mit der Stirn des Zeus‹ (158). Der ganze fünfte Akt zeugt von der Souveränität eines im Bild dieser Dichtung irdischen Souveräns.« (Müller-Seidel 1958, S. 402)

Es wurde untersucht, ob sich der Kurfürst mit der Inszenierung der Hinrichtung in den Bereich des träumerischen Spiels begibt und so die Visionen des Prinzen Wirklichkeit werden lässt. Peter

P. Horn

Horn wirft ihm dagegen widersprüchliches Verhalten vor:

> »Da er später dann den Prinzen ganz willkürlich begnadigt, wird der Anspruch, den der Kurfürst zunächst erhebt, daß er in seiner Person das allgemeinverbindliche Gesetz nur repräsentiert und nicht willkürlich zu seinen Gunsten oder nach seiner Laune anwendet, offensichtlich als hohl entlarvt.« (Horn 1992, S. 135)

Psychoanalytische Deutungstradition

Der Berliner Nervenarzt Hellmuth Kaiser, der die psychoanalytische Tradition der *Homburg*-Deutungen begründete, betrachtet den Kurfürsten als Vaterfigur, gegen die der Prinz rebelliert. Dessen Schuld liege also in seiner »Ödipustat«:

> »Endlich bemerken wir, daß der Prinz den Kurfürsten mehrfach – insbesondere auch in der ersten ›Traumszene‹ – mit den

Worten ›Mein Vater‹ anredet. So ergibt sich das Bild der Ödipussituation. Der Held wünscht seinem Vater den Tod, um sich der geliebten Frau, über die bisher der Vater verfügen konnte, zu bemächtigen. Diese Frau ist allerdings nicht die Gattin des Kurfürsten, sondern dessen Nichte, wodurch die Kraßheit der inzestuösen Liebe gemildert wird. Die Tötung des Vaters gelingt nicht, da der Sohn den Vater ja nicht nur haßt, sondern zugleich mit einer starken Liebe liebt. Diese Sohnesliebe, im Stallmeister Froben verkörpert, rettet den Fürsten. Den vatermörderischen Sohn aber trifft die Todesstrafe – die freilich nicht vollstreckt wird. Jedoch kommt es bis zu der aus der Ödipussage bekannten Blendung (Kastrationsersatz), die allerdings hier auch nur durch die Augenbinde angedeutet wird. Wir verstehen jetzt, inwiefern die Todesangst des Prinzen in den Gang der Handlung gehört. Der Held hat sich nicht nur *ein* Vergehen zuschulden kommen lassen, sondern zwei, ein offenkundiges, die Insubordination in der Schlacht, und ein geheimes, die Ödipustat. Die beiden Vergehen sind innerlich miteinander verknüpft. Sie richten sich gegen die gleiche Person und entspringen den gleichen Motiven.« (Kaiser 1930, S. 124 f.)

Weitere Einzelaspekte, die in den Untersuchungen behandelt werden, können an dieser Stelle nur erwähnt werden, darunter die intertextuellen Bezüge zu Dramen Goethes, Schillers und Shakespeares, die strukturelle Ähnlichkeit zu dem heilsgeschichtlichen Modell von Kleists *Marionettentheater*-Aufsatz, der Konflikt zwischen Individuum und Gemeinschaft, Selbstbestimmung und Staatsraison. Deshalb sei auf die ausführlichen Forschungsberichte von Fritz Hackert (1973) und Bernd Hamacher (1999) verwiesen.

Fast alle größeren, umfassenden Interpretationskonzepte untersuchen die Gattungszugehörigkeit des Stücks: Ist es ein historisches Preußendrama, in das ein »Traumspiel« eingewirkt wurde (vgl. Ueding 1987, S. 267), ein Märchenspiel, das in eine Tragödie übergeht, oder eine romantisch überformte Tragödie mit Lustspielschluss? Kleist selbst bezeichnete den *Homburg* als »Schauspiel«. Im Sprachgebrauch der Zeit ist damit ein Stück bezeichnet, das im Aufbau der Tragödie nachempfunden ist, mit

Gattungszugehörigkeit des Stücks

dem Unterschied jedoch, dass der tragische Konflikt am Ende überwunden wird. Renate Homann versucht nachzuweisen, dass verschiedene Gattungsformen im *Homburg* verschmelzen. Das Schauspiel reflektiere sich selbst »in der Rekonstruktion der traditionellen dramatischen Gattungen Lustspiel und Trauerspiel« (Homann 1986, S. 380) und sei damit »genuinste Theorie der Literatur« (ebd., S. 382). Das Schauspiel sei Selbstreflexion der Literatur, »Dichtung über Dichtung« also. Dieses Schlagwort entstammt dem Kontext der frühromantischen Transzendentalpoesie: Die Dichtung spiegelt sich selbst und wird sich dabei ihrer selbst bewusst, Poesie und Philosophie gehen ineinander über.

Während frühe *Homburg*-Deutungen das Stück wegen seiner Antiklassizität verurteilten, erkennen einige neuere Lesarten in seiner Nähe zur Frühromantik ein Zeichen seiner Modernität. Die Frühromantik war eine vom Abenteuer des Denkens und ihren eigenen Spekulationen faszinierte Aufbruchsbewegung. Bis heute gilt sie als Impulsgeber für viele Strömungen, die sich als progressiv verstehen. Im *Homburg* gehen Wirklichkeit und Traumgeschehen ineinander über. Darin sehen einige Kommentatoren ein zentrales Anliegen der Frühromantik widergespiegelt: In der durch die Aufklärung entzauberten Welt wollte sie das Wunderbare wieder aufscheinen lassen. Die »Korrespondenz zwischen dem im Traum empfangenen Zeichen und dem in der Wirklichkeit Bezeichneten« untersucht Hinrich C. Seeba aus semiotischer Perspektive:

> »Damit liegt, unter transzendentalpoetischem Aspekt, dem ganzen Drama *Prinz Friedrich von Homburg* die gleiche, auf den Glauben an die prinzipielle Übereinstimmung von Fiktion und Realität gestützte Logik zugrunde, die innerhalb dieses dramatischen Experiments auf die Probe gestellt und korrigiert wird; denn die Wirkung, die Kleist seinem letzten Drama zugetraut hat, gründet sich auf die Erwartung, daß der fiktive Entwurf von Wirklichkeit diese selbst herbeizwingen könne, weil dem sprachlichen Zeichen ein reales Bezeichnetes entspricht, dessen antizipiertes Abbild es ist. In der Überzeugung, daß Dichtung Wirklichkeit nicht nur abbildet, sondern sie auch vorbildet, hat Kleist mit dem versöhnlichen Schluß

Nähe zur Frühromantik

Semiotische Perspektive

ein poetisches Exempel statuiert, an dem sich der preußische Hof weniger erfreuen als – über den unverbindlichen ›Scherz‹ des Traumspiels hinaus – sich wirklich auch ein Beispiel nehmen sollte.« (Hinrich C. Seeba: Prinz Friedrich von Homburg. Struktur und Gehalt, in: Heinrich von Kleist: *Sämtliche Werke und Briefe in vier Bänden*, 1987, S. 1241)

Zwar lassen sich in Kleists Werk zweifellos Berührungspunkte mit der Frühromantik entdecken. Dennoch war er zu seiner Zeit ein literarischer Außenseiter, so schillernd wie problematisch, changierend zwischen Klassik und Romantik. Gerade weil es unmöglich scheint, ihn in das Epochenschema der Literaturgeschichte einzuordnen, übt er auf zahlreiche Interpreten einen Reiz aus. Versuchte man früher, ihn als verworrenen Romantiker oder patriotischen Preußendichter auf eine Formel zu bringen, erhob man ihn später zum Ahnherrn der Avantgarde. An seinen Werken wurden oft neue, sich als avanciert verstehende Interpretationsmodelle durchexerziert, wie etwa Poststrukturalismus, Systemtheorie oder Diskursanalyse. Eine erste postmoderne Lektüre des *Homburg* versuchte Bernd Leistner. Er widersprach der u. a. von Jochen Schmidt vertretenen These, dass Form und Inhalt des Dramas einander harmonisch entsprechen. Er erkennt vielmehr eine Abkehr vom klassischen Ideal der Geschlossenheit und Vollendung und zeichnet nach, wie sich in Kleists Schauspiel die Strukturen eines harmonisch geschlossenen Werks auflösen:

Postmoderne Lektüre

»Aus alledem, was hier zum ›Homburg‹ expliziert wurde, dürfte sich mit einiger Klarheit ergeben, daß die innere Struktur des Stückes mit der des *klassischen* Dramas nichts zu tun hat, ja: daß bei Kleist die *klassische* Dramaturgie radikal in Frage gestellt erscheint. Die äußere Gestalt des Stückes, die Gliederung in fünf Akte, die Verwendung des Blankverses, ist folglich nicht als ein Hinweis auf eine innere Struktur zu nehmen, bei der ein dramatischer Konflikt überschaubar konstituiert und *konstruktiv* behandelt wäre, sie steht vielmehr – als *schöne*, auf Geschlossenheit zielende Form – zum Inhalt des Stückes in adversativer Beziehung. Wie sich im *Homburg* die Kleistsche Erfahrungswirklichkeit gegen die Utopie durchsetzt und diese von innen her desavouiert, so bäumt sich gleichermaßen der Inhalt gegen die Form auf.« (Leistner 1985, S. 186)

Nicht nur das Schauspiel selbst, auch die Flut konkurrierender Auslegungen stellt den Leser vor ein Rätsel: Mit seinen Leerstellen, seiner Uneindeutigkeit und seinen Brüchen zeigt sich das Stück offen für unterschiedliche Aneignungen, zwischen denen eine Verständigung nicht möglich ist. Je mehr die historischen Kontexte des Stücks aus dem Blick rückten, desto öfter versuchte man sich an biographischen oder überzeitlichen psychologischen Lektüren. Fast jeder Ansatz, jedes Modell wurde am *Homburg* erprobt. Aber dennoch entzieht er sich jedem Versuch, ihn vollständig zu verstehen. Denn das Schauspiel gleicht

Vexierbild einem Vexierbild: Ändert man nur ein wenig die Blickrichtung, sieht man ein anderes Motiv. Fast scheint es, als würde die Vielzahl der Deutungen das Stück immer weiter verdunkeln.

Kleist tritt seinen Lesern auch heute noch fremd und spröde entgegen. Wer versucht, ihn wie einen Zeitgenossen zu lesen, aus dem *Homburg* die Gebrechlichkeit des modernen Bewusstseins und die Fragilität der Wirklichkeit herauszulesen, stößt sich an dem Erziehungsgedanken oder dem Beharren auf der Gehorsamspflicht. Wer das Stück jedoch nur vor dem Hintergrund seiner Entstehungszeit wahrnehmen möchte, fühlt sich dennoch ergriffen von dem Helden, der über die Stränge schlägt und an den Ansprüchen der Wirklichkeit zu scheitern droht. Singt Kleist etwa tatsächlich »das hohe Lied der Subordination« (Mehring) oder war die historische Einkleidung des Stücks nicht mehr als die Fassade für ein visionäres Spiel, das die Macht des Traums in ihr Recht setzt? Wie in einem unendlichen Prozess der Bedeutungsfindung scheint man sich dem Schauspiel nur annähern zu können, ohne es jemals ganz zu erfassen. Gerade die unlösbaren Fragen, das Schwierige und Zweideutige eröffnen jedoch einen besonderen Zugang zu dem Drama: Durch die Widerstände, die es weckt, zwingt es den Leser, die Gebundenheit des eigenen Standpunkts wahrzunehmen. Es fordert von ihm ein Gespür für die Legitimität des Fremden. So raubt das Schauspiel dem Leser die Gewissheit und bricht seine Weltsicht auf. Der *Homburg* bleibt zeitlos, weil er nie aufhört, Zweifel zu wecken.

Literaturhinweise

Ausgaben

Heinrich von Kleists hinterlassene Schriften, hg. v. Ludwig Tieck, Berlin 1821.

Heinrich von Kleists gesammelte Schriften, hg. v. Ludwig Tieck, 3 Teile, Berlin 1826.

Heinrich von Kleists ausgewählte Schriften, hg. v. Ludwig Tieck, Berlin 1846.

Heinrich von Kleists gesammelte Schriften, hg. v. Ludwig Tieck, revidiert, erg. und mit einer biographischen Einleitung versehen v. Julian Schmidt, 3 Teile, Berlin 1859.

Heinrich von Kleists sämtliche Werke in zwei Bänden, hg. v. Eduard Grisebach, Leipzig 1883.

Heinrich von Kleists sämtliche Werke, hg. v. Theophil Zolling, Berlin/Stuttgart 1885.

Heinrich von Kleists sämtliche Werke. Mit einer biographischen Einleitung von Dr. Rudolph Genée. In zwei Bänden, Berlin 1888.

Heinrich von Kleists Werke. Im Verein mit Georg Minde-Pouet u. Reinhold Steig hg. v. Erich Schmidt. Krit. durchges. u. erl. Gesamtausgabe, 5 Bde., Leipzig 1904/5, 2. Aufl. 7 Bde. Leipzig 1936–38.

Sämtliche Werke und Briefe in zwei Bänden, hg. v. Helmut Sembdner, München 1952.

Prinz Friedrich von Homburg. Ein Schauspiel. Nach der Heidelberger Handschrift hg. v. Richard Samuel unter Mitwirkung v. Dorothea Coverlid, Berlin 1964.

Heinrich von Kleist: Werke und Briefe in vier Bänden, hg. v. Siegfried Streller in Zusammenarbeit mit Peter Goldammer u. a., Berlin/Weimar 1978.

Heinrich von Kleist: Sämtliche Werke und Briefe in vier Bänden. Unter Mitwirkung von Hans Rudolf Barth hg. v. Ilse-Marie Barth u. Hinrich C. Seeba, Frankfurt/M. 1987–1997.

Heinrich von Kleist: Sämtliche Werke. Brandenburger Ausgabe.
I/8 »Prinz Friedrich von Homburg«, hg. v. Roland Reuß u.
Peter Staengle, Frankfurt am Main/Basel 2006.

Darstellungen

Arntzen, Helmut, »Prinz Friedrich von Homburg« – Drama der
Bewußtseinsstufen, in: *Kleists Dramen. Neue Interpretatio-*
nen, hg. v. Walter Hinderer, Stuttgart 1981, S. 213–237.

Beißner, Friedrich, Unvorgreifliche Gedanken über den Sprach-
rhythmus, in: *Festschrift Paul Kluckhohn und Hermann*
Schneider gewidmet zu ihrem 60. Geburtstag, hg. v. ihren
Tübinger Schülern, Tübingen 1948.

Bülow, Eduard von, *Heinrich von Kleist's Leben und Briefe*. Mit
einem Anhange, Berlin 1848.

Endres, Johannes, *Das »depotenzierte« Subjekt. Zu Geschichte*
und Funktion des Komischen bei Heinrich von Kleist, Würz-
burg 1996.

Eybl, Franz M., *Kleist-Lektüren*, Stuttgart 2007.

Fricke, Gerhard, Kleists »Prinz von Homburg«. Versuch einer
Interpretation, in: *Germanisch-Romanische Monatsschrift*,
N. F. 2 (1951/52), S. 189–208.

Goldammer, Peter (Hg.), *Schriftsteller über Kleist. Eine Doku-*
mentation, Berlin/Weimar 1976.

Grathoff, Dirk, Zur frühen Rezeptionsgeschichte von Kleists
Schauspiel »Prinz Friedrich von Homburg«. (Mit unbekann-
ten Zeugnissen zur ersten Berliner Aufführung 1828), in:
Germanisch-Romanische Monatsschrift, N. F. 30 (1980)
S. 289–311.

Hackert, Fritz, Kleists »Prinz Friedrich von Homburg« in der
Nachkriegs-Interpretation 1947–1972. Ein Literaturbericht,
in: *Zeitschrift für Literaturwissenschaft und Linguistik*, 3
(1973), H. 12, S. 53–80.

– *Erläuterungen und Dokumente. Heinrich von Kleist. Prinz*
Friedrich von Homburg, Stuttgart 1979.

Hamacher, Bernd, »Darf ichs mir deuten, wie es mir gefällt?«
25 Jahre »Homburg«-Forschung zwischen Rehistorisierung

und Dekonstruktion (1973–1998), in: *Heilbronner Kleist-Blätter* 6 (1999), S. 9–67.

– *Erläuterungen und Dokumente. Heinrich von Kleist. Prinz Friedrich von Homburg*, Stuttgart 1999.

Hinderer, Walter, »Prinz Friedrich von Homburg« – »Zweideutige Vorfälle«, in: *Interpretationen: Kleists Dramen*, hg. v. Walter Hinderer, Stuttgart 1997, S. 144–185.

Hohoff, Curt, *Heinrich von Kleist, mit Selbstzeugnissen und Bilddokumenten*, Hamburg 1958.

Homann, Renate, *Selbstreflexion der Literatur. Studien zu Dramen von G.E. Lessing und H. von Kleist*, München 1986.

Horn, Peter, »... sich träumend, seiner eignen Nachwelt gleich...« Verhinderte Tragik im Traum des Prinzen Friedrich von Homburg von seinem posthumen Ruhm, in: *Kleist-Jahrbuch* 1992, S. 126–139.

Just, Renate, *Recht und Gnade in Heinrich von Kleists Schauspiel Prinz Friedrich von Homburg*, Göttingen 1993.

Kaiser, Hellmuth, Kleists »Prinz von Homburg«, in: *Imago. Zeitschrift für Anwendung der Psychoanalyse auf die Natur- und Geisteswissenschaften*, 16 (1930), S. 119–137.

Kanzog, Klaus, *Heinrich von Kleist. Prinz Friedrich von Homburg. Text, Kontexte, Kommentar*, München/Wien 1977.

– *Edition und Engagement. 150 Jahre Editionsgeschichte der Werke und Briefe Heinrich von Kleists*, 2 Bde., Berlin/New York 1979.

– *Text und Kontext. Quellen und Aufsätze zur Rezeptionsgeschichte der Werke Heinrich von Kleists*, Berlin 1979.

Kittler, Wolf, Militärisches Kommando und tragisches Geschick. Zur Funktion der Schrift im Werk des preußischen Dichters Heinrich von Kleist, in: Knittel, Anton Philipp/Kording, Inka (Hg.), *Heinrich von Kleist. Neue Wege der Forschung*, Darmstadt 2003, S. 59–70.

Koberstein, August, Andeutungen über den besonderen Antheil Preußens an der Neugestaltung der deutschen Literatur seit dem Ausgange des siebzehnten Jahrhunderts, in: ders.: *Vermischte Aufsätze zur Litteraturgeschichte und Aesthetik*, Leipzig 1858, S. 249–271.

Kommerell, Max, Die Sprache und das Unaussprechliche. Eine Betrachtung über Heinrich von Kleist (1937), in: ders.: *Geist und Buchstabe der Dichtung. Goethe, Schiller, Kleist, Hölderlin*, Frankfurt/M. 1940, S. 243–317.

Kurzenberger, Hajo, Kleists Traum vom Prinzen Homburg. Zu Peter Steins Inszenierung an der Berliner Schaubühne, in: *Geist und Zeichen. Festschrift für Arthur Henkel zu seinem 60. Geburtstag dargebracht von Freunden und Schülern*, hg. v. Herbert Anton, Bernhard Gajek u. Peter Pfaff, Heidelberg 1977, S. 235–240.

Leistner, Bernd, *Spielraum des Poetischen. Goethe, Schiller, Kleist, Heine*, Berlin/Weimar 1985.

Lütteken, Anett, *Heinrich von Kleist – eine Dichterrenaissance*, Tübingen 2004.

Lukács, Georg, *Deutsche Literatur in zwei Jahrhunderten*, Neuwied/Berlin: Luchterhand 1964.

Müller-Seidel, Walter, Heinrich von Kleist – »Prinz Friedrich von Homburg«, in: *Das deutsche Drama vom Barock bis zur Gegenwart. Interpretationen*, hg. v. Benno von Wiese, Bd. 1, Düsseldorf 1958, S. 390–409.

Sembdner, Helmut, *In Sachen Kleist. Beiträge zur Forschung*, München 1974.

– (Hg.): *Heinrich von Kleists Lebensspuren. Dokumente und Berichte der Zeitgenossen*, Frankfurt/M. 1977.

– (Hg.): *Heinrich von Kleists Nachruhm. Eine Wirkungsgeschichte in Dokumenten*, München 1977.

Schmidt, Jochen, *Heinrich von Kleist. Studien zu seiner poetischen Verfahrensweise*, Tübingen 1974.

Schulz, Gerhard, *Kleist. Eine Biographie*, München 2007.

Schunicht, Manfred, *Heinrich von Kleist: Prinz Friedrich von Homburg. Marionette, Patriot, Utopist?*, Paderborn/München/Wien/Zürich 1996.

Staengle, Peter, *Heinrich von Kleist*, München 1998.

Treitschke, Heinrich von, Heinrich von Kleist. In: *Preußische Jahrbücher* 2/1858, H. 6, S. 599–623.

Ueding, Gert, *Klassik und Romantik. Deutsche Literatur im Zeitalter der Französischen Revolution 1789–1815*, München/Wien 1987.

Wiese, Benno von, *Die deutsche Tragödie von Lessing bis Hebbel. Teil 1*: Tragödie und Theodizee. Teil 2: Tragödie und Nihilismus, Hamburg 1948.

Wittkowski, Wolfgang, Ironische Rechtsprechung in »Prinz Friedrich von Homburg« und »Michael Kohlhaas«, in: *Politik – Öffentlichkeit – Moral. Kleist und die Folgen,* hg. v. Peter Ensberg u. Hans-Jochen Marquardt, Stuttgart 2002, S. 59–84.

Wort- und Sacherläuterungen

8   FRIEDRICH WILHELM, **Kurfürst von Brandenburg:** Friedrich Wilhelm I. von Brandenburg (1620–1688), Beiname der »Große Kurfürst«, regierte seit 1640. Im Laufe des Schwedisch-Brandenburgischen Kriegs (1674–1679) besetzten die Schweden 1674 die Mark Brandenburg. Am 28.6. (18.6. in dem damals in Brandenburg verwendeten julianischen Kalender) 1675 besiegt Friedrich Wilhelm in der Schlacht von Fehrbellin die schwed. Armee.

DIE KURFÜRSTIN: Der Vorname Elisa (vgl. Vers 233) ist erfunden. Friedrich Wilhelms erste Ehefrau Luise Henriette von Oranien starb 1667. Seine zweite Ehefrau war Dorothea Sophie, verwitwete Herzogin von Braunschweig-Lüneburg.

PRINZESSIN NATALIE VON ORANIEN: Eine Erfindung Kleists.

Dragonerregiments: Dragoner waren Angehörige einer Gattung der Kavallerie (Reiterei). Sowohl zu Pferd als auch zu Fuß kämpfend, stellten sie eine Art berittene Infanterie dar; Königin Luise von Preußen trug den Titel des Chefs eines Dragonerregiments.

FELDMARSCHALL DÖRFLING: Der Name erinnert an Feldmarschall Georg von Derfflinger (1606–1695), der seit 1654 in den Diensten Friedrich Wilhelms stand.

PRINZ FRIEDRICH ARTHUR VON HOMBURG: Friedrich II. von Hessen-Homburg (1633–1708) war Landgraf von Hessen-Homburg. 1670 trat er als General der Kavallerie in die brandenburg. Armee ein. In der Schlacht bei Fehrbellin griff er die schwed. Armee an und fügte ihr schwere Verluste zu. Der zweite Vorname vom Kleists Figur, »Arthur«, ist eine Erfindung.

OBRIST KOTTWITZ: Führer eines Dragonerregiments bei der Schlacht von Fehrbellin (vgl. Hamacher 1999, S. 9).

HENNINGS: Joachim Hennings, Teilnehmer an der Schlacht von Fehrbellin (vgl. ebd.).

GRAF TRUCHSS: Der historische Graf Wolfgang Christoph Truchseß von Waldburg nahm, so Bernd Hamacher, an der Schlacht nicht teil. Kleist habe »den Namen – wie auch für die folgenden Figuren, Graf Hohenzollern, Rittmeister von der Golz, Graf Georg von Sparren, Stranz, Siegfried von Mörner und Graf

                                     Kommentar

Reuß – zum Teil der militärischen Rangliste Preußens von 1806 entnommen« (Hamacher 1999, S. 9).

Rittmeister: Dienstgradbezeichnung für Offiziere der Kavallerie.

Wachtmeister: Höchster Unteroffiziers-Dienstrang bei der Kavallerie.

KORPORALE: Niedriger Unteroffiziersdienstgrad.

HOFKAVALIERE: Edelleute am Hofe des Fürsten.

PAGEN: Edelknaben, junge Adelige im fürstlichen Dienst.

HEIDUCKEN: Urspr. Bezeichnung für ungar. Söldner; an Höfen des 18. und 19. Jh.s Diener in ungar. Tracht, die eine repräsentative Funktion wahrnahmen.

Fehrbellin: Ca. 60 km nordwestlich von Berlin gelegene Stadt. 9 Das Schloss und der »Garten im alt-französischen Styl« sind Erfindungen Kleists.

Garten im alt-französischen Styl: Im Stil des franz. Barockgartens, der von André le Nôtre, dem obersten Gartenarchitekten Ludwigs XIV., konzipiert worden war und einen großen Einfluss auf die Gartenkunst in Europa ausübte. Exemplarisch ist die Gartenanlage von Schloss Versailles.

Rampe: Auffahrt zum Schloss; durch den Beiklang »Theaterrampe« wird auf den Spielcharakter des folgenden Geschehens hingewiesen. Dazu Hinrich C. Seeba: »Unter poetologischem Aspekt ist das anfangs vom Prinzen und am Ende von Hohenzollern gedeutete Traumspiel der Entwurf des ganzen Dramas und insofern, wie keine andere Szene bei Kleist, ein im Laufe des Dramas erprobtes, wiewohl in der Haltung des Prinzen grundsätzlich problematisiertes Modell poetischer Selbstdeutung. Von vornherein wird an der Fiktionalität der dramatischen Szene kein Zweifel gelassen, wenn der Kurfürst mit seinem Gefolge ›vom Geländer der Rampe‹ [...] herab, als säße er in der Loge seines Hoftheaters, auf den träumenden Prinzen niederschaut [...].« (*Heinrich von Kleist: Sämtliche Werke und Briefe in vier Bänden*, Bd. 2, 1239 f.)

Vetter: Dazu Grimm, *Deutsches Wörterbuch*, Bd. 26, Spalte 31: 9.1 »vetter wird zur ehrenden anrede, indem die vorstellung einer verwandtschaft zwischen dem sprechenden und angeredeten als etwas erfreuliches empfunden wird; [...]«

9.8 **Wrangel:** Wolmar Wrangel af Lindeberg (1641–1675) war ein Halbbruder des schwed. Reichsmarschalls Carl Gustav Wrangel. Im Schwedisch-Brandenburgischen Krieg diente er als Generalleutnant. Da sein Bruder wegen Krankheit sein Amt nicht ausführen konnte, hatte er den Oberbefehl über die schwed. Truppen, die 1675 in der Schlacht bei Fehrbellin unterlagen.

9.9 **Rhyn:** Nebenfluss der Havel.

9.10 **Hackelberge:** Verfremdende Bezeichnung von Hakenberg, einem Dorf bei Fehrbellin. Die Schlacht bei Fehrbellin fand nahe Hakenberg statt.

9.11 **Schwadronen:** Kleinste taktische Einheiten der Kavallerie.

10.27–28 **Sich träumend, seiner [...] des Ruhmes einzuwinden.:** »Ruhm kann nur von der Nachwelt, also nach dem Tod, verliehen werden. Daher träumt der Prinz bereits hier von seinem Tod.« (Hamacher 1999, S. 12)

11.43 **Flecken:** Ortschaft; hier ist Fehrbellin gemeint.

11.44 **Daß sein Gemüt [...] nicht mehr empfände:** Im Sinne von: ohne dass sein Gemüt davon mehr empfände.

11.47 **Lorbeer:** Der Lorbeerkranz ist der Schmuck erfolgreicher Feldherren, Sieger bei Spielen und der Dichter. Der »poeta laureatus« ist der lorbeergekrönte Dichter.

11.49 **Rüstsaal:** Saal, in dem Waffen und Rüstungen aufbewahrt und zur Schau gestellt werden; Anspielung auf das jedoch erst 1706 fertiggestellte Berliner Zeughaus.

11.50 **märkschen Sand:** »Die Mark Brandenburg galt als ›Sandbüchse des Heiligen Römischen Reichs‹. Die Bemerkung bezieht sich auf die Fremdheit des Lorbeers, in einem übertragenen Sinne aber auch auf die Fremdheit des träumenden, gekrönten Dichters im kriegerischen Preußen.« (Hamacher 1999, S. 13)

11.57 **Sterngucker:** Astronomen; hier möglicherweise, so Hamacher, »eine Anspielung auf Leipziger Astronomen, die 1807 eine Sterngruppe nach Napoleon benannt hatten« (Hamacher 1999, S. 14).

11.60 **Spiegel:** Spielt auf die Eitelkeit des Prinzen an; das Motiv erinnert an den Mythos des Narziss, des schönen Jünglings, der sich in sein Spiegelbild verliebte.

vor 14.88 *Der Prinz fällt um.:* »Der Ruf in die Wirklichkeit führt zunächst zur Ohnmacht.« (Hamacher 1999, S. 16)

Mamelucken: Sklaven bei ägypt. Sultanen. Später errangen sie 14.98 als Kriegerkaste die Herrschaft in Ägypten. Ihre Reiterei war durch Napoléons Ägyptenfeldzug bekannt geworden. Hier ironisch zur Kennzeichnung von Homburgs Geistesabwesenheit.

Hackelwitz: Erfundener Name, angelehnt an Hackelberg. 16.129

Die Platen [...] die Winterfeld?: Hofdamen der Kurfürstin, die, 17.149–150 wie Hamacher beobachtet hat, Namen aus Kleists Verwandtschaft tragen (vgl. Hamacher 1999, S. 17).

Zevs: Zeus, oberster olympischer Gott in der griech. Mytholo- 17.158 gie.

Preußen: Gemeint ist das Herzogtum Preußen, das seit 1618 den 18.166 Kurfürsten von Brandenburg unterstand. Nach der Krönung des Kurfürsten Friedrich III. von Brandenburg zum König in Preußen (als König Friedrich I., 1701) wurde der Name Preußen auf die Gesamtheit der brandenburgischen Besitzungen übertragen.

Genius: In der röm. Mythologie ein unsichtbarer Schutzgeist des 18.172 Mannes, der diesen von Geburt an durch sein Leben begleitet. Auch Örtlichkeiten, Städte und Staaten hatten ihren Genius.

Schäferstunde: Der Ausdruck geht auf die Bukolik bzw. Schä- 19.196 ferdichtung zurück und bezeichnet das Beisammensein mit der Geliebten.

Ramin: Nicht die Hofdame Ramin ist gemeint (vgl. Vers 201), 19.213 sondern ein Begleitoffizier.

Posten: Ein zur Beobachtung oder Verteidigung gewählter 20.224 Punkt; hier sind die Truppen gemeint, die diesen Punkt beziehen.

Laßt uns nicht stören.: Lasst euch durch uns nicht stören! 26.314

Der Morgenstrahl ergraut!: Vgl. den Ausdruck Morgengrauen. 28.345

Nun denn, auf [...] schwed'schen Siegeswagen festgebunden!: 29.355–365 Homburg beschwört hier die röm. Glücks- und Schicksalsgöttin Fortuna und spielt dabei auf die Attribute an, die ihr zugeordnet wurden. Zum Zeichen ihrer Flüchtigkeit wurde sie auf einer Kugel dargestellt. Das Segel bezeichnet ihre Unberechenbarkeit. Ihre Gaben verteilt sie aus dem Füllhorn. Wenn Homburg sie im Feld ergreifen will, möchte er das Glück erzwingen.

Du, der: Bezieht sich auf Fortuna. 29.356

Bin ich ein Pfeil, ein Vogel, ein Gedanke: Erinnert an August 31.392 Wilhelm Schlegels Übersetzung von Shakespeares *Heinrich der Vierte*, 2. Teil, IV, 3. Dort sagt Falstaff: »Haltet ihr mich für eine

Schwalbe, einen Pfeil oder eine Kanonenkugel? Habe ich bei meinem kümmerlichen und alten Fortkommen die Schnelligkeit des Gedankens?«

vor 32.401   *mit einem schwarzen Band:* Bei seinem Reitunfall hat der Prinz sich an der Hand verletzt. Das schwarze Band kann auch als vorausdeutendes Todessymbol interpretiert werden.

vor 34.457   **Musketenfeuer.:** Eine Muskete ist ein schweres, langes Infanteriegewehr.

36.487   **zehn märkischen Gebote:** »Gemeint ist das brandenburgische Kriegsgesetz, das mit dem Bezug auf die biblischen Zehn Gebote religiösen Rang erhält.« (Hamacher 1999, S. 29)

36.490   **Ordonnanzen!:** Offiziere, die zur Unterstützung höherer Offiziere zugeteilt wurden.

37.502   **Dorftor:** Damals hatten auch Dörfer Tore, die nachts verschlossen wurden.

39.530   **Feldredoute:** »Kleine Verschanzung in Gestalt eines Quadrats oder Rechtecks.« (Hamacher 1999, S. 30)

41.582   **Ein Engel will ich, mit dem Flammenschwert:** Nach der Vertreibung von Adam und Eva aus dem Garten Eden bewachten Cherubim mit loderndem Flammenschwert den Weg zum Baum des Lebens (Gen 3,24).

41.585   **Marken:** Teilgebiete der Mark Brandenburg.

41.595   **Moritz [...] von Oranien:** Lebte von 1567–1625 und war seit 1585 Statthalter der Niederlande.

44.643   **Froben:** Der brandenburg. Stallmeister Emanuel Froben (1640–1675) fiel in der Schlacht bei Fehrbellin; zur Froben-Legende vgl. S. 108 f. (Entstehungsgeschichte).

44.646   **Troß:** Teile einer Militäreinheit, die Unterstützungsaufgaben wie Transport und die Versorgung mit Nahrung übernahmen.

44.648   **Granaten:** Mit Pulver gefüllte Hohlgeschosse.

44.648   **Kartätschen:** Artilleriegeschoss, bei dem eine Hülse aus Papier oder Stoff mit Kugeln, Blei, Eisen oder Nägeln gefüllt wurde.

46.713–714   **O Cäsar Divus! [...] an deinen Stern!:** (lat.) »Göttlicher Cäsar«; »divus« ist ein Titel der röm. Kaiser, der ihnen nach ihrem Tod verliehen werden konnte. Vergil spricht in einer seiner Eklogen (IX, 47) von dem »Stern Cäsars« – einem nach dessen Tod erschienenen Kometen, der als Zeichen seiner Vergöttlichung interpretiert wurde.

Leibwacht: Soldaten, die für die Bewachung des Landesherrn 49.754
oder im Feld für die Bewachung des Hauptquartiers verantwort-
lich sind.

König Gustav Adolphs: Gustav II. Adolf (1594–1632) war seit 49.756
1611 König von Schweden.

Per aspera ad astra.: (lat.) »Über raue Pfade zu den Sternen.« 49.757

Brutus: Lucius Iunius Brutus (6. Jh. v. Chr.), der als Gründer und 51.777
erster Konsul der röm. Republik gilt, ließ zwei seiner Söhne
hinrichten, weil sie sich an einer Verschwörung beteiligt hatten.

curulschen Stuhle: Der kurulische Stuhl war in Rom der Amts- 51.779
sessel der höheren Beamten.

Wie die Antike starr: Wenn Kleist das »deutsche Herz« (Vers 51.787
784), Edelmut und Liebe der als kalt und starr empfundenen
Antike entgegensetzt, wendet er sich zugleich gegen ein als starr
empfundenes klassizistisches Schönheitsideal. Damit greift er
die Kritik der Romantiker an der Klassik auf, die sich an dem
antiken Kunstideal orientierte.

Tedeum: Altkirchlicher Hymnus mit den Anfangsworten »Te 53.807
Deum laudamus« (»Dich, Gott, loben wir«).

den Eulen gleich: Der Schrei der Eule wurde schon in der Antike 54.853
als schlechtes Vorzeichen gedeutet, die Eule gilt auch als Todes-
bote.

als ein Gott: Anspielung auf die Theaterkonvention des »Deus 54.856
ex machina«. Wenn sich ein Konflikt aus der Handlung heraus nicht lösen ließ, verlegte man sich in der antiken Tragödie
oder später im Barocktheater auf einen Kunstgriff: Man ließ
überraschend eine Gottheit oder den absoluten Monarchen
als deren säkulare Entsprechung in das dramatische Geschehen
eingreifen und diesem dadurch eine entscheidende Wende geben.

Die weiß den Dei von Algier brennt: »Dey« war ein Herrscher- 57.902
titel für den Kommandanten der osman. Janitscharen (Elite-
truppen der Infanterie im Osmanischen Reich). Diese standen
in dem Ruf besonderer Grausamkeit Feinden gegenüber. Die
Redensart »weiß brennen« bedeutet »unschuldig erscheinen
lassen«.

Cherubime: Cherubim, Singular Cherub, sind eine Klasse von 57.903
Engeln, vgl. auch Anm. zu Vers 582.

57.904 **Sardanapel:** Assurbanipal, griech. Sardanapel, als grausam be-
kannter König von Assyrien (7. Jh. v. Chr.).

57.905 **Altrömische Tyrannenreihe:** Vmtl. eine Anspielung auf röm.
Kaiser wie Caligula (regierte von 37–41 n. Chr.) oder Nero
(54–68 n. Chr.), die wegen ihrer Willkür und Grausamkeit be-
rüchtigt waren.

57.907 **Auf Gottes rechter Seit':** Zur Rechten Gottes sitzt Christus nach
der Himmelfahrt (vgl. u. a. Mk 16,20). Die rechte Seite wird
beim Jüngsten Gericht den Geretteten zugewiesen (vgl. Mt
25,33).

58.936 **König Karl:** Karl XI., König von Schweden (1655–1697).

61.987 **Bestellt:** »Auf historischen Gepflogenheiten beruhendes Motiv,
das Kleist auch am Anfang des *Erdbeben in Chili* verwendet:
Man vermietete in den Straßen, durch welche der Hinrichtungs-
zug gehen sollte, die Fenster.« (Hamacher 1999)

62.997 **schwarzen Schatten:** Im Hades, der Unterwelt in der griech.
Mythologie, leben die Verstorbenen als Schatten.

63.1045 **Stift der Jungfrau:** Mit einem Stiftungsvermögen ausgestattete
Anstalt für ledige, adelige Damen.

63.1046 **Thurn:** Adelsname.

64.1069 **Pfeile:** Führt die Köcher-Metapher (Vers 1065) fort; hier: Worte,
die den Kurfürsten beeinflussen.

65.1095 **O dieser Fehltritt, blond:** Die Erscheinung des Prinzen und sein
Fehltritt werden miteinander in eins gesetzt.

66.1106 **Lindwurm:** Schlangenartiges Fabelwesen, Drache; Anspielung
auf Drachentöter-Legenden (z. B. den hl. Georg).

66.1109 **erhaben:** Seinen Begriff des »Erhabenen« gewinnt Kleist in Aus-
einandersetzung mit Friedrich Schiller (1759–1805). Nach
Schiller befreit das Erhabene den Menschen von der sinnlichen
Welt, erhebt ihn über die Natur, die der Gesetzgebung der Vernunft untergeordnet wird: »Zwar ist schon das Schöne ein Ausdruck der Freiheit; aber nicht derjenigen, welche uns über die
Macht der Natur erhebt und von allem körperlichen Einfluß
entbindet, sondern derjenigen, welche wir innerhalb der Natur
als Menschen genießen. Wir fühlen uns frei bei der Schönheit,
weil die sinnlichen Triebe mit dem Gesetz der Vernunft harmo-
nieren; wir fühlen uns frei beim Erhabenen, weil die sinnlichen
Triebe auf die Gesetzgebung der Vernunft keinen Einfluß haben,

weil der Geist hier handelt, als ob er unter keinen anderen als seinen eigenen Gesetzen stünde. [...] Wir erfahren also durch das Gefühl des Erhabenen, daß sich der Zustand unsers Geistes nicht notwendig nach dem Zustand des Sinnes richtet, daß die Gesetze der Natur nicht notwendig auch die unsrigen sind, und daß wir ein selbständiges Prinzipium in uns haben, welches von allen sinnlichen Rührungen unabhängig ist.« (Friedrich Schiller: Über das Erhabene. In: *Sämtliche Werke*, Band V, München 1993, S. 796)

Erhabenes Handeln gehört zum Verhaltenskanon des klassischen Tragödienhelden. Der Prinz handelt erhaben, wenn er das Todesurteil aus Einsicht in seine Rechtmäßigkeit annimmt. Wenn der Kurfürst, ohne Rücksicht auf sein eigenes Mitleid mit dem Prinzen, das Urteil vollstrecken ließe, um dem Gesetz Genüge zu tun, wäre dies erhaben (vgl. Vers 1372). Natalie kritisiert jedoch ein solches Handeln als unmenschlich. Damit wiederum setzt sich auch Kleist in Distanz zu den klassischen Tragödienkonventionen.

eine feste Burg: Anspielung auf Martin Luthers (1483–1546) Choral »Ein feste Burg ist unser Gott« (1529).　67.1132

Oheims Herbst: Im Herbst seines Lebens erntet der Kurfürst die Früchte seiner Taten.　67.1140

Stadthaus: Rathaus; dort war das Gefängnis untergebracht.　69.1195

Heiducken!: Vgl. Anm. zu Personen, S. 144.　69.1195

Bomsdorf [...] Anhalt-Pleß: Oberst Wolf-Dietrich Bomstorf, Generalleutnant Götz und Fürst Johann Georg von Anhalt-Dessau waren historische Heerführer (vgl. Hamacher 1999, S. 52). – Unter Kürassieren versteht man Angehörige einer Gattung der schweren Kavallerie.　71.1240–1241

Derwisch': Islam. Mystiker, gewöhnlich Mitglied eines Derwischordens, aber auch wandernder Bettelmönch.　73.1286

Spannen: Altes Längenmaß, abgeleitet vom Abstand zwischen der Spitze des Daumens und des kleinen Fingers bei gespreizter Hand.　73.1287

eine Sonne, sagt man, scheint dort auch: Anspielung auf das Jenseits.　73.1293

Karabinern: Gewehr mit verkürztem Lauf, das von berittenen Truppen benutzt wurde.　77.1366

77.1367	**Versöhnt:** Homburg soll mit militär. Ehren zu Grabe getragen werden. Sein Vergehen ist also durch den Tod gesühnt.
vor 80.1395	*Nebencabinet:* Vgl. Marginalie zu Vers 955 auf S. 59.
81.1412	**Dei von Tunis:** Vgl. Anm. zu Vers 902.
81.1414	**Die seidne Schnur:** »Im Orient früher Zeichen für den Untergebenen, sich nach dem Willen des Herrn selbst zu erhängen.« (Kanzog 1977, S. 171)
81.1415	**Palisaden:** Bei Befestigungen ein Hindernis aus einer Reihe nebeneinander eingegrabener, zugespitzter Pfähle.
81.1416	**Haubitzen:** Artilleriegeschütze mit kurzem Lauf.
81.1422	**Schwadronen:** Vgl. Anm. zu Vers 11.
84.1477	**Schweizer:** Söldner, meist zur Leibwache verwendet, auch Türhüter in vornehmen Häusern, vgl. die Schweizergarde im Vatikan.
86.1515	**peinlich:** In der Gerichtssprache: auf Leben und Tod angeklagt.
87.1567	**von der Bank:** Ein uneheliches, illegitimes Kind wurde als »Bankert« bezeichnet.
88.1582	**in den Sternen fremd:** Ohne Einsicht in den Lauf des Schicksals, das »in den Sternen« gelesen werden kann.
88.1597	**Stab:** Über die zum Tode Verurteilten wurde früher der Stab des Richters zerbrochen.
89.1613	**Sachwalter:** Als »Sache« wird der Rechtsstreit bezeichnet. Der Prinz, als Sachwalter, ist der Anwalt des Fürsten.
92.1720	**Die delphsche Weisheit:** Das dem Gott Apollon geweihte Orakel von Delphi war die bedeutendste Weissagungsstätte im antiken Griechenland. Der Kurfürst spielt hier auf die sprichwörtliche Zweideutigkeit der Weissagungen des Orakels an.
94.1758	**morgen:** Durch seine Hinrichtung also, die für den nächsten Tag angesetzt ist.
94.1759	**Fremdling:** Anspielung auf Napoléons Fremdherrschaft in Preußen; auch in Kleists Schrift *Was gilt es in diesem Kriege?* (1809) wird Napoléon »Fremdling« genannt.
95.1765	**einen süßern Namen:** Den Namen »Vater«, vgl. Vers 68.
96.1796	**Seraphin':** Seraphim (Singular: Seraph) sind sechsflüglige Engel, die an der Spitze der Hierarchie der Engelschöre stehen. Sie stehen um den Thron Gottes (vgl. Offb 4,1–11). Ihr Gesang hat als »Sanctus« Einzug in die christl. Liturgie gefunden.
98.1830– vor 100.1852	**Nun, o Unsterblickeit – [. . .] *Der Prinz fällt in Ohnmacht.*:** Für

die Ausarbeitung der Hinrichtungsszene diente Kleist ein zeitgenössischer Fall als Vorbild: die Verurteilung und Begnadigung des zunächst in preuß. und seit 1808 in württemberg. Diensten stehenden Karl von François. Im Streit mit einem Vorgesetzten hatte er den Säbel gezogen und war für dieses Vergehen zum Tode verurteilt wurden. Die königliche Begnadigung verhinderte im letzten Augenblick die Hinrichtung. In seinen Mémoiren beschreibt Karl von François später seine Empfindungen bei seiner unerwarteten Begnadigung:

»Man hatte mir die Binde von den Augen genommen, ich stand aufrecht, doch mochte ich wol sehr bleich aussehen, denn die Aerzte wollten mir zu Hülfe eilen. Mit einer Handbewegung wies ich sie zurück und überblickte finster die mich umgebende Scene, die ihren Charakter tiefer Trauer so überraschend mit dem einer unbegrenzten Freude vertauscht hatte. Nicht enden wollende Hurrahs auf den König und den Kronprinzen (nachmaligen König Wilhelm I.) füllten die Luft. Von Mund zu Mund ging die Nachricht, daß der Letztere, dessen edles Gemüth sich oft gegen die Willkürlichkeiten seines Vaters sträubte, noch im letzten Augenblicke durch einen Fußfall beim Könige meine Begnadigung erwirkt habe, nachdem alle seine vorherigen dahin gehenden Bitten und Vorstellungen erfolglos geblieben waren. Wie dem auch sein mochte, ich konnte keine Freude darüber empfinden. Der Zeitpunkt war vorüber, so schien es mir, wo selbst der König das Recht hat, Gnade zu üben. Stumm schüttelte ich den Kopf, als der gute Geistliche mir unter strömenden Freudenthränen Glück wünschte. Ich hatte zu viel gelitten; meine Seele war bereits auf dem Wege nach einer andern Welt und wie eine neue Grausamkeit, härter als jede vorhergehende, empfand ich den Ruf, der sie zurückhielt.« (Karl von François, Ein deutsches Soldatenleben. Nach den hinterlassenen Memoiren von Clotilde von Schwartzkoppen, in: *Der Salon für Literatur, Kunst und Gesellschaft*, hg. v. Ernst Dohm u. Julius Rodenberg, Band III, Leipzig 1871/72, S. 42)

Nun, o Unsterblichkeit: Der Vers steht auf Kleists Grabstein. Kleists Suizid wurde immer wieder mit Homburgs Todesbereitschaft in Zusammenhang gebracht.

98.1830

98.1832 **tausendfachen Sonne:** Wiederaufnahme der kosmologischen Metapher von Vers 57 f.: »Sterngucker sieht er, wett' ich, schon im Geist / Aus Sonnen einen Siegeskranz ihm winden.«

98.1834 **Ätherraume:** Aether ist in der griech. Mythologie die Personifikation der oberen Himmelsluft, der Sohn des Erebos und der Nyx.

98.1840 **Nachtviole:** Gattung in der Familie der Kreuzblütengewächse. Einige ihrer Arten duften abends und nachts besonders stark.

99.1845 **zu Hause:** Hier klingt das Motiv vom Tod als Heimkehr an.

100.1858 **ALLE:** In der Literaturwissenschaft wurde oft darüber diskutiert, ob der Prinz selbst in die Sprecherangabe »Alle« miteinbezogen ist und somit, so Klaus Kanzog, »den Bereich der Todeserwartung schon verlassen hat oder [...] sich noch in jenem monologischen Schwebezustand befindet, der ihm in der Vorstellung Unsterblichkeit verheißt« (Kanzog 1977, S. 210). Eine endgültige Antwort scheint jedoch nicht möglich.

103.8 **Barde:** Kelt. Hofdichter; zu Kleists Zeiten auch im Sinne von »vaterländischer Sänger« verwendet. Die neuere dt. Bardendichtung geht v. a. auf die »Ossian«-Gesänge des schott. Schriftstellers James Macpherson (1736–1796) zurück, die er als Übersetzung der Werke eines Dichters aus der kelt. Vorzeit ausgab. Die Dichtung, obgleich eine Fälschung, begeisterte die gesamte literarische Welt, weit über die Grenzen Schottlands hinaus.

103.13-14 **Sie hält den [...] sie ihn alle.:** Anspielung auf den antiken Brauch der Dichterkrönung. Der Sieger eines dichterischen Wettstreits (»poeta laureatus«) empfing vom Herrscher den Lorbeerkranz.

Suhrkamp BasisBibliothek
Text und Kommentar in einem Band
Eine Auswahl

Ingeborg Bachmann. Malina. Kommentar: Monika Albrecht und Dirk Göttsche. SBB 56. 389 Seiten

Jurek Becker. Jakob der Lügner. Kommentar: Thomas Kraft. SBB 15. 351 Seiten

Thomas Bernhard
- Amras. Kommentar: Bernhard Judex. SBB 70. 144 Seiten
- Erzählungen. Kommentar: Hans Höller. SBB 23. 171 Seiten

Bertolt Brecht
- Der Aufstieg des Arturo Ui. Kommentar: Annabelle Köhler. SBB 55. 182 Seiten
- Die Dreigroschenoper. Kommentar: Joachim Lucchesi. SBB 48. 170 Seiten
- Der gute Mensch von Sezuan. Kommentar: Wolfgang Jeske. SBB 25. 214 Seiten
- Der kaukasische Kreidekreis. Kommentar: Ana Kugli. SBB 42. 189 Seiten
- Leben des Galilei. Kommentar: Dieter Wöhrle. SBB 1. 191 Seiten
- Mutter Courage und ihre Kinder. Kommentar: Wolfgang Jeske. SBB 11. 185 Seiten

Georg Büchner. Danton's Tod. Kommentar: Joachim Hagner. SBB 89. 200 Seiten

Annette von Droste-Hülshoff. Die Judenbuche. Kommentar: Christian Begemann. SBB 14. 136 Seiten

Joseph von Eichendorff. Aus dem Leben eines Taugenichts. Kommentar: Peter Höfle. SBB 82. 180 Seiten

Theodor Fontane
- Effi Briest. Kommentar: Dieter Wöhrle. SBB 47. 414 Seiten
- Irrungen, Wirrungen. Kommentar: Helmut Nobis.
  SBB 81. 258 Seiten

Max Frisch
- Andorra. Kommentar: Peter Michalzik. SBB 8. 166 Seiten
- Biedermann und die Brandstifter. Kommentar: Heribert Kuhn.
  SBB 24. 142 Seiten
- Homo faber. Kommentar: Walter Schmitz. SBB 3. 301 Seiten

Johann Wolfgang Goethe
- Götz von Berlichingen. Kommentar: Wilhelm Große.
  SBB 27. 243 Seiten
- Die Leiden des jungen Werthers. Kommentar: Wilhelm Große.
  SBB 5. 222 Seiten
- Wilhelm Meisters Lehrjahre. Kommentar: Joachim Hagner.
  SBB 85. 700 Seiten

Peter Handke. Wunschloses Unglück. Kommentar: Hans Höller.
SBB 38. 131 Seiten

Christoph Hein. Der fremde Freund. Drachenblut. Kommentar:
Michael Masanetz. SBB 69. 236 Seiten

Hermann Hesse
- Demian. Kommentar: Heribert Kuhn. SBB 16. 233 Seiten
- Narziß und Goldmund. Kommentar: Heribert Kuhn.
  SBB 40. 407 Seiten
- Siddhartha. Kommentar: Heribert Kuhn. SBB 2. 192 Seiten
- Der Steppenwolf. Kommentar: Heribert Kuhn. SBB 12. 306 Seiten
- Unterm Rad. Kommentar: Heribert Kuhn. SBB 34. 275 Seiten

E. T. A. Hoffmann
- Das Fräulein von Scuderi. Kommentar: Barbara von Korff-
  Schmising. SBB 22. 149 Seiten
- Der Sandmann. Kommentar: Peter Braun. SBB 45. 100 Seiten